D1875239

Das Beste aus dem Ofen

Das Beste aus dem Ofen

Aufläufe, Gratins, Braten, Pizzas und Co.

Bassermann

Inhalt

Mit Nudeln, Kartoffeln, Reis und Korn

Mit Fleisch, Geflügel und Wild

Mit Fisch und Meeresfrüchten

Hauptsache Gemüse – mit und ohne Fleisch

Inhalt

Für die Party

Süßes aus dem Ofen

Die Abkürzungen in diesem Buch

kcal	Kilokalorien
kg	Kilogramm (1 kg = 1000 g)
g	Gramm (1 g = 0,001 kg)
Msp.	Messerspitze (Menge auf der Spitze eines Besteckmessers)
EL	gestrichener Esslöffel
TL	gestrichener Teelöffel
°C	Grad Celsius
l	Liter (1 l = 100 cl = 1000 ml)
dl	Deziliter (1 dl = 0,1 l, »dezi« = lateinisch decimus = zehnter)
cl	Zentiliter (1 cl = 0,01 l, »zenti« = lateinisch centesimus = hundertster)
ml	Milliliter (1 ml = 0,001 l, »milli« = lateinisch millesimus = tausendster)
cm	Zentimeter (1 cm = 0,01 m)
m	Meter (1 m = 100 cm)
ca.	zirka
à	zu je
z. B.	zum Beispiel
TK-	Tiefkühl-
Fett i. Tr.	Fett in Trockenmasse (Angabe des Fettgehalts bei Käse und Quark. Da bei Reife und Lagerung ständig Wasser verdunstet, ist eine absolute Prozentangabe des Fettgehaltes nicht möglich. Der absolute Fettgehalt bei einem Quark mit 20 % Fett i. Tr. beträgt ungefähr 6 %)

Zu den Energie- und Nährwertangaben

Zu jedem Rezept finden Sie die Angaben über die Personenzahl, die Zubereitungszeit, die sich zusammensetzt aus der Arbeitszeit, und der Koch- und Backzeit sowie die Energie- und Nährwerte pro Portion. Da Lebensmittel Naturprodukte sind, können diese Werte nur eine Annäherung sein, denn die Inhaltsstoffe variieren.

Die Richtwerte für die tägliche Energieaufnahme

- Kinder (je nach Alter) zwischen 1000 und 2000 kcal
- Jugendliche circa 2500 kcal (Mädchen) bzw. 3000 kcal (Jungen)
- Erwachsene mit geringer körperlicher Aktivität 2000 kcal bei Frauen bzw. 2500 kcal bei Männern
- Mit steigendem Alter sinkt der Energiebedarf

Die Richtwerte für die tägliche Nährwertaufnahme

Eiweiß

- Kinder und Jugendliche: 0,9 g Eiweiß (Protein) pro Kilogramm Körpergewicht, das entspricht ca. 13–60 g Protein
- Erwachsene: 0,8 g Protein pro Kilogramm Körpergewicht, das entspricht bei Frauen ca. 48 g, bei Männern ca. 59 g Protein

Fett

Die Richtwerte für die Fettzufuhr werden in Abhängigkeit der gesamten Energiezufuhr angegeben (Energieprozent).

- Kinder und Jugendliche haben wegen ihres Wachstums einen gesteigerten Energiebedarf, ihr Richtwert ist daher gegenüber den Erwachsenen etwas höher, er liegt (je nach Alter) zwischen 35 und 40 Energieprozent
- für Erwachsene beträgt der Richtwert 30 % der Energie. Umgerechnet bedeutet dies für Frauen eine tägliche Aufnahme von ca. 60 g Fett (bei einem zugrunde gelegten Energiebedarf von 2.000 kcal), für Männer ca. 80 g Fett (bei 2500 kcal).

Kohlenhydrate

Auch die Richtwerte zur Kohlenhydratzufuhr werden als Energieprozent (% der gesamten Energiezufuhr) angegeben. Sie ergeben sich aus dem täglichen Proteinbedarf und den Richtwerten zur Fettzufuhr.

- Kinder sollten höchstens die Hälfte der Energie in Form von Kohlenhydraten aufnehmen
- Für Erwachsene ergibt sich der Richtwert für Kohlenhydrate mit über 50 Energieprozent. Für Frauen mit einem Energiebedarf von 2000 kcal bedeutet dies eine Aufnahme von mehr als 240 g Kohlenhydrate pro Tag. Männer mit einem Energiebedarf von 2500 kcal sollten mindestens 300 g Kohlenhydrate aufnehmen.

Mit Nudeln, Kartoffeln, Reis und Korn

Für 4 Personen

Zubereitungszeit: 1 Stunde

Pro Portion: 200 kcal, 7 g Eiweiß, 6 g Fett, 27 g Kohlenhydrate

Gefüllte Pellkartoffeln

4 mittelgroße, mehlig kochende Kartoffeln (à 200 g)

1 aromatische, vollreife **Birne,** gewürfelt

etwas Zitronensaft

80 g Roquefort (50 % Fett i. Tr.)

1 EL Birnengeist

Salz

schwarzer Pfeffer aus der Mühle

1 Den Backofen auf 200 °C (Umluft 170 °C, Gas Stufe 3) vorheizen.

2 Die Kartoffeln mit einer Bürste gründlich waschen und mit Küchenpapier gut abtrocknen. Auf den Grillrost legen und auf der mittleren Schiene in etwa 40 Minuten gar backen.

3 Die Birne schälen, halbieren, entkernen und in kleine Würfel schneiden. Mit Zitronensaft beträufeln.

4 Die gebackenen, weichen Kartoffeln in der Mitte kreuzweise einschneiden. Die Schale etwas abziehen und das Kartoffelfleisch mit einem Teelöffel vorsichtig herauslösen, dabei einen schmalen Rand lassen.

5 Das ausgelöste Kartoffelfleisch mit einer Gabel zu Püree zerdrücken. Nach und nach den Roquefort stückchenweise dazugeben. Zum Schluss die Birnenwürfel unter das Kartoffelpüree mischen und mit Birnengeist, Salz und Pfeffer herzhaft abschmecken.

6 Das Püree in die Kartoffeln füllen und sie nebeneinander auf eine feuerfeste Platte setzen.

7 Die Kartoffeln im Backofen auf der oberen Schiene 5–7 Minuten überbacken.

Beilage: Preiselbeeren

Getränkeempfehlung: sauer gespritzer Apfelwein

Für 4 Personen

Zubereitungszeit: 50 Minuten

Pro Portion: 275 kcal, 20 g Eiweiß, 10 g Fett, 27 g Kohlenhydrate

Kartoffel-Auflauf mit Krabben

600 g in der Schale gekochte Kartoffeln

150 g tiefgekühlte **Erbsen**

200 g ausgepulte **Krabben**

3 Eigelb

100 g saure Sahne

Salz

weißer Pfeffer aus der Mühle

1 EL gehackter **Dill**

3 Eiweiß

Fett für die Form

1. Den Backofen auf 200 °C (Umluft 170 °C, Gas Stufe 3) vorheizen.
2. Die Kartoffeln schälen und auf der groben Seite einer Rohkostreibe raspeln. Erbsen und Krabben dazugeben und nach und nach unter Rühren die Eigelbe und die saure Sahne untermischen. Mit Salz, Pfeffer und Dill würzig abschmecken.
3. Die Eiweiße zu steifem Schnee schlagen und locker unter die Kartoffelmasse heben. In eine gefettete Auflaufform von 18 cm Durchmesser füllen
4. Den Auflauf auf der mittleren Schiene in 25 bis 30 Minuten goldbraun backen.

Beilage: Gurkensalat

Getränkeempfehlung: sommerliche Holunderblütenschorle – den Saft von 1/2 Zitrone mit etwas Holunderblütensirup in ein hohes Glas geben, mit Mineralwasser auffüllen.

Gekochte Kartoffeln auf einer Rohkostreibe grob raspeln.

Die Erbsen, die Krabben und die Kartoffeln gut mit den Eigelben mischen.

Saure Sahne gleichmäßig unter die Gemüse-Krabben-Masse rühren.

Eiweiß steif schlagen und unter den Auflauf heben.

Für 4 Personen

Zubereitungszeit: 25 Minuten

Pro Portion: 565 kcal, 39 g Eiweiß, 22 g Fett, 52 g Kohlenhydrate

Reisauflauf mit Hühnerleber

1/2 l (500 ml) Hühnerbrühe (aus Extrakt)

250 g Kurzzeitreis

500 g Hühnerleber

4 EL Butter

1 Bund Frühlingszwiebeln, in feine Ringe geschnitten

Salz

schwarzer Pfeffer aus der Mühle

1 TL Oregano

100 g mittelalter Gouda, frisch gerieben

Fett für die Form

1. Die Hühnerbrühe aufkochen, den Kurzzeitreis einstreuen und in 5 Minuten garen. Beiseite stellen.
2. Die Hühnerleber grob zerschneiden und in einer Pfanne in 1 EL Butter kurz anbraten. Beiseite stellen.
3. Die Frühlingszwiebeln putzen, waschen, in feine Ringe schneiden und im verbliebenen Bratfett 3 Minuten dünsten.
4. Den Backofen auf 200°C (Umluft 170°C, Gas Stufe 3) vorheizen.
5. Den Reis mit der Hühnerleber und den Frühlingszwiebeln mischen und mit Salz, Pfeffer und Oregano kräftig würzen.
6. Eine Auflaufform einfetten und ein Drittel der Mischung einfüllen, mit etwas geriebenem Käse bestreuen. So weiterverfahren und als letzte Schicht Käse auf den Auflauf streuen. Die restliche Butter in Flocken daraufsetzen.
7. Auf der mittleren Schiene des Backofens in 10 Minuten goldbraun überbacken.

Beilage: Tomatensalat mit Basilikum und Balsamicodressing oder gemischter Blattsalat

Getränkeempfehlung: trockener Rotwein, z. B. Chianti Classico oder Teroldego aus dem Trentino

Für 4 Personen

Zubereitungszeit: 1 Stunde 30 Minuten, Ruhezeit: 20 Minuten

Pro Portion: 900 kcal, 56 g Eiweiß, 37 g Fett, 86 g Kohlenhydrate

Cannelloni mit Fleisch-Spinat-Füllung

12 fertig gekaufte Cannelloni

oder aus

400 g Weizenmehl, 4 Eiern,
1 EL Öl, Salz

einen Nudelteig herstellen

Füllung

300 g Bratenreste

100 g gekochter Schinken

100 g gekochter Spinat, fein gehackt

2 Eier

50 g Parmesan, frisch gerieben

Salz

schwarzer Pfeffer aus der Mühle

Béchamelsauce

40 g Butter

40 g Mehl

1/2 l (500 ml) Milch

Salz

frisch geriebene **Muskatnuss**

außerdem

Butter für die Form und für Flöckchen

50 g frisch geriebener **Parmesan** zum Bestreuen

1 Für den Teig das Mehl auf ein Backbrett geben, in die Mitte eine Vertiefung drücken und die Eier hineinschlagen. Schnell mit den Händen zu einem glatten Teig verkneten. In ein feuchtes Tuch hüllen und 20 Minuten ruhen lassen.

2 Das gebratene Fleisch und den Schinken in der Küchenmaschine fein hacken. Dann in einer Schüssel mit dem gut abgetropften Spinat vermischen. Die leicht verschlagenen Eier und den Parmesan hinzufügen. Mit Salz und Pfeffer abschmecken und alles zu einer festen Paste verarbeiten.

3 Den Nudelteig in 2 – 3 Teile schneiden und mit einer Pastamaschine oder mit einem Nudelholz 2 mm dick ausrollen. Mit einem Messer Quadrate von 10 cm ausschneiden.

4 In einem Topf reichlich Salzwasser mit 1 EL Öl zum Kochen bringen und die Teigplatten darin portionsweise in 4 – 6 Minuten al dente kochen. Mit einem Schaumlöffel vorsichtig herausheben. Zum Abkühlen in eine Schüssel mit kaltem Wasser geben. Fertig gekaufte Cannelloni werden ungekocht gefüllt.

5 Für die Béchamelsauce die Butter zerlassen, das Mehl hinzufügen und hellgelb rösten. Unter ständigem Rühren mit einem Schneebesen die Milch nach und nach hinzugießen. Bei leichter Hitze unter Weiterrühren etwas einkochen lassen, dann mit Salz und Muskat abschmecken.

6 Den Backofen auf 225 °C (Umluft 200 °C, Gas Stufe 4) vorheizen. Eine flache Auflaufform einfetten. Die gut abgetropften Cannelloni auf eine Tischplatte legen, an einem Ende dick mit der Füllung bestreichen und aufrollen. Bei fertig gekauften Cannelloni die Rollen mit einem Teelöffel oder mit einem Spritzbeutel füllen.

7 Die Cannelloni mit der Schnittfläche nach unten nebeneinander in die Form legen. Die Béchamelsauce daraufgießen, reichlich Butterflöckchen darauf verteilen und mit Parmesan bestreuen. Die Cannelloni im Backofen auf der mittleren Schiene in 15–20 Minuten goldgelb überbacken.

Für 5 Personen

Zubereitungszeit: 1 Stunde 20 Minuten

Pro Portion: 430 kcal, 10 g Eiweiß, 28 g Fett, 34 g Kohlenhydrate

Kartoffelgratin

1 kg Kartoffeln

Salz

Pfeffer aus der Mühle

2 Knoblauchzehen, geschält

50 g frisch geriebener **Greyerzer Käse**

60 g Butter

0,2 l (200 ml) Milch

125 g Sahne

Muskatnuss

Butter für die Form

1 Gleichmäßig große Kartoffeln schälen, waschen, abtrocknen und in dünne Scheiben schneiden.

2 Eine flache Gratinform mit Butter ausstreichen, die Hälfte der Kartoffelscheiben hineinlegen. Salzen, pfeffern und den durchgepressten Knoblauch darüber verteilen. Mit der Hälfte des Käses und der Butter in Flocken bestreuen. Den Backofen auf 180 °C (Umluft 150 °C, Gas Stufe 2) vorheizen.

3 Mit den restlichen Kartoffeln bedecken, nochmals würzen. (Das Gratin sollte nicht höher sein als ungefähr 4 cm.)

4 Die Milch mit der Sahne verrühren, mit Salz, Pfeffer und Muskatnuss würzen und über die Kartoffeln gießen. Zugedeckt (am besten mit Alufolie) im Backofen auf der mittleren Schiene backen.

5 Nach 50 Minuten das Gratin mit dem restlichen Käse und den restlichen Butterflocken bestreuen und ca. 20 Minuten im Backofen auf der mittleren Schiene bei 220 °C (Umluft 190 °C, Gas Stufe 4) überbacken. Mit einer Gabel prüfen, ob die Kartoffeln gar sind. In der Form servieren.

Beilage: grüner Salat

Getränkeempfehlung: hellroter Landwein

tipp

Man kann das Gratin abwandeln, indem man vorgedünstete Porreescheiben unter die Kartoffeln mischt. Oder Käse und Knoblauch weglassen und dünne Apfelscheiben zwischen die Kartoffelscheiben legen.

Für 4 Personen

Zubereitungszeit: 1 Stunde 15 Minuten

Pro Portion: 455 kcal, 13 g Eiweiß, 26 g Fett, 37 g Kohlenhydrate

Kartoffel-Pilz-Auflauf

400 g gemischte Pilze (z. B. Austernpilze, Pfifferlinge)

1 kg Kartoffeln

2 Eier, getrennt

¹/₄ l (250 ml) Milch

125 g Sahne

Salz

Pfeffer aus der Mühle

Muskatnuss

1 gehackte **Zwiebel**

2 EL Butter

1 EL Petersilie

1 EL gehackter **Majoran**

1 Knoblauchzehe, geschält

3 EL Weißwein

3 EL Gemüsebrühe (aus Extrakt)

3 EL Greyerzer Käse oder **Emmentaler,** frisch gerieben

20 g Butterflocken

Butter für die Form

1 Die Pilze säubern. Große Exemplare längs halbieren.

2 Die Kartoffeln in der Schale kochen. Etwas abkühlen lassen, dann schälen und sofort durch die Kartoffelpresse drücken. Die Eier in Eigelb und Eiweiß trennen. Die Kartoffeln mit der Milch, der Sahne und den Eigelben mischen. Die Eiweiße steif schlagen und unter die Masse ziehen. Mit Salz, Pfeffer und Muskatnuss abschmecken.

3 Die Zwiebel in der Butter dünsten. Die Pilze, die Hälfte der Kräuter und die durchgepresste Knoblauchzehe zufügen. Bei starker Hitze 2–3 Minuten dünsten, bis die Pilze keine Flüssigkeit mehr abgeben.

4 Mit Weißwein ablöschen, etwas verdampfen lassen, die Brühe zufügen und weiterkochen, bis die Pilze knapp gar sind. Die restlichen Kräuter dazugeben, mit Salz und Pfeffer abschmecken.

5 Eine nicht zu hohe Auflaufform mit Butter ausstreichen. Mit der Hälfte der Kartoffelmasse belegen. Das Pilzragout darauf verteilen. Mit Kartoffelmasse zudecken.

6 Den Käse darüberstreuen und die Butterflocken darauf verteilen. 20 Minuten bei 220 °C (Umluft 190 °C, Gas Stufe 4) auf der mittleren Schiene im Backofen überbacken.

Die gekochten Kartoffeln sofort mit einem spitzen Messer schälen.

Die gekochten Kartoffeln zügig durch die Kartoffelpresse drücken.

Das Pilzragout gleichmäßig auf der gewürzten Kartoffelmasse verteilen.

Für 4 Personen

Zubereitungszeit: 1 Stunde

Pro Portion: 395 kcal, 21 g Eiweiß, 20 g Fett, 32 g Kohlenhydrate

Reisauflauf mit Austernpilzen

150 g Parboiled Reis

Salz

1 Schalotte, fein gehackt

1 EL Butter

150 g junge Austernpilze (oder Pfifferlinge)

2 EL Sonnenblumenkerne

50 g geräucherter Schinken, fein gehackt

80 g Schweizer Emmentaler, frisch gerieben

4 Eigelb

weißer Pfeffer aus der Mühle

5 Eiweiß

1 EL grob gehackte **Kräuter** (Petersilie oder Kerbel oder Dill)

Butter und Mehl für die Form

1. Eine Auflaufform mit Butter ausstreichen und mit Mehl bestäuben. Den Reis nach Packungsanweisung weich kochen. In ein Sieb schütten und gut abtropfen lassen.
2. Die geschälte Schalotte fein hacken und in der Butter andünsten. Die Austernpilze putzen, falls nötig, zerkleinern, zu den Schalottenwürfeln geben und weich schmoren.
3. Die Sonnenblumenkerne in einer kleinen Pfanne trocken rösten, bis sie eine etwas dunklere Farbe angenommen haben. Den Schinken sehr fein hacken. Den Backofen auf 200°C (Umluft 170°C, Gas Stufe 3) vorheizen.
4. Reis, Pilze, Sonnenblumenkerne, Schinken und Käse in einer Schüssel vermischen. Die Eigelbe gründlich mit Salz und Pfeffer verrühren und zu dem Reis geben. Das Eiweiß zu festem Schnee schlagen und ein Viertel der Masse mit der Reismischung verrühren, den Rest vorsichtig unterheben.
5. Die Reismasse löffelweise in die Auflaufform geben. Den Rand zwischen Reis und Form mit dem Messer nachziehen, sodass er leicht von der Form gelöst wird. Auf der mittleren Schiene im Backofen etwa 30 Minuten goldgelb backen. Mit den Kräutern bestreuen und sofort auftragen.

Die Austernpilze mit der fein gehackten Schalotte weich schmoren.

Sonnenblumenkerne in einer Pfanne ohne Fettzugabe leicht bräunen.

Gerührte Eier mit Reis, Käse, Schinken, Pilzen und Sonnenblumenkernen vermischen.

Für 4 – 6 Personen

Zubereitungszeit: 1 Stunde

Pro Portion bei 4 Personen: 480 kcal, 22 g Eiweiß, 30 g Fett, 30 g Kohlenhydrat

Semmelauflauf mit Pilzen

5 Brötchen vom Vortag, in dünne Scheiben geschnitten

3/8 l (375 ml) heiße Milch

500 g Waldpilze

1 Zwiebel, gewürfelt

50 g durchwachsener geräucherter Speck, gewürfelt

2 EL Butter

1 EL frisch gehackter **Kerbel**

3 Eier, getrennt

Salz

frisch geriebene **Muskatnuss**

100 g Emmentaler, frisch gerieben

Butterflöckchen und Butter für die Form

1 Eine Auflaufform dick mit Butter einfetten.

2 Die Brötchen in dünne Scheiben schneiden, mit der Milch übergießen und stehen lassen. Die Pilze putzen, waschen und trocknen lassen. Zwiebel und Speck würfeln.

3 Von der Butter 1 EL in einer Pfanne erhitzen, Zwiebel- und Speckwürfel darin glasig braten, die Pilze hinzufügen und etwa 10 Minuten durchschmoren. Mit dem Kerbel vermischen und würzen.

4 Brötchen gut ausdrücken, in der restlichen Butter anrösten und abkühlen lassen. Die Eigelbe mit der Einweichmilch, Salz und Muskat verquirlen und mit der Brotmasse vermischen.

5 Den Backofen auf 200 °C (Umluft 170 °C, Gas Stufe 3) vorheizen.

6 Käse grob reiben, Pilze und Käse mit der Semmelmasse vermischen. Eiweiße steif schlagen und unter den Teig ziehen. In die Auflaufform füllen, mit Butterflöckchen besetzen und auf der mittleren Schiene im Backofen in 30–40 Minuten goldbraun backen.

Beilage: Tomatensauce

Getränkeempfehlung: Pilzgerichte harmonieren mit reiferen Weinen, zum Beispiel aus den Rebsorten Grüner Veltliner, Riesling und Pinot Blanc

Für 4 Personen

Zubereitungszeit: 1 Stunde 30 Minuten

Pro Portion: 605 kcal, 30 g Eiweiß, 38 g Fett, 35 g Kohlenhydrate

Möhren-Kartoffel-Auflauf

500 g Möhren, in dicke Scheiben geschnitten

50 g Weißbrot vom Vortag

1/4 l (250 ml) Milch

1 große Zwiebel, gewürfelt

300 g Kartoffeln, geschält und gekocht

Salz

3 EL Butter

einige gehackte **Rosmarinnadeln**

1 TL Ingwerpulver

1 TL Zucker

200 g Hartkäse (z. B. Emmentaler), frisch gerieben

4 Eier, getrennt

50 g gehackte **Mandeln**

2 EL gehackte **Petersilie**

weißer Pfeffer aus der Mühle

50 g Semmelbrösel

Butter für die Form und als Flöckchen

1 Eine große Auflaufform dick mit Butter ausstreichen.

2 Die Möhren putzen und in dicke Scheiben schneiden. Das Weißbrot in kleine Würfel zerteilen und in der Milch einweichen. Die geschälte Zwiebel in Würfel schneiden. Die Kartoffeln schälen und in Salzwasser garen.

3 Von der Butter 1 EL in einem Topf zerlassen und die Zwiebelwürfel darin glasig braten. Die Möhrenscheiben hinzufügen, mit Rosmarin, Ingwer und Zucker bestreuen und unter Rühren schmoren, bis die Möhren anfangen, Farbe anzunehmen. 6 EL Wasser aufgießen und die Möhren zugedeckt weich dünsten. Anschließend in der Küchenmaschine pürieren.

4 Den Backofen auf 220 °C (Umluft 190 °C, Gas Stufe 4) vorheizen.

5 Die gekochten Kartoffeln abgießen und noch heiß durch eine Kartoffelpresse drücken, die restliche Butter zerlassen, das Weißbrot ausdrücken. Alles mit den Möhren, der Einweichmilch des Brotes, 150 g geriebenem Käse, den verrührten Eigelben, den Mandeln und der Petersilie gründlich zu einem Teig verkneten. Kräftig mit Salz und Pfeffer abschmecken.

6 Die Eiweiße zu festem Schnee schlagen und unter den Teig ziehen, dann in die Auflaufform füllen. Den restlichen Käse mit den Semmelbröseln vermischen, auf den Auflauf streuen und mit Butterflöckchen besetzen. Die Form mit Alufolie abdecken und den Auflauf auf der mittleren Schiene im Backofen in 45 Minuten gar backen.

Beilage: Frikadellen, Kotelett oder Bratwürstchen und Salat

Für 4 Personen

Zubereitungszeit: 1 Stunde

Pro Portion: 640 kcal, 34 g Eiweiß, 46 g Fett, 23 g Kohlenhydrate

Überbackene Eierkuchen mit Käsefüllung

Eierkuchen

60 g Weizenmehl

1/8 l (125 ml) Milch

Salz

4 Eier

30 g Butter

Butter zum Braten

Béchamelsauce

30 g Butter

30 g Mehl

1/4 l (250 ml) Milch

Salz

schwarzer Pfeffer aus der Mühle

frisch geriebene **Muskatnuss**

Füllung

100 g gekochter Schinken, fein gewürfelt

100 g Mozzarella, fein gewürfelt

150 g Ricotta (italienischer Frischkäse)

50 g Salz

schwarzer Pfeffer aus der Mühle

frisch geriebener **Parmesan**

außerdem

Butter für die Form

30 g frisch geriebener **Parmesan** zum Gratinieren

1 EL Butter

1 Für die Eierkuchen das Mehl in eine Schüssel geben und unter ständigem Rühren die Milch, das Salz und die Eier hinzufügen. Die Butter schmelzen und zum Schluss mit dem Teig verrühren.

2 In einer mittelgroßen Pfanne wenig Butter erhitzen, nacheinander hauchdünne Eierkuchen backen und diese abkühlen lassen.

3 Für die Sauce die Butter in einem Topf zerlassen, das Mehl hinzufügen und hellgelb anrösten. Unter Rühren mit einem Schneebesen nach und nach die Milch hinzufügen und 5 Minuten einkochen lassen. Die Béchamelsauce mit Salz, Pfeffer und Muskatnuss abschmecken.

4 Für die Füllung Schinken und Mozzarella in feine Würfel schneiden. Ricotta durch ein Sieb streichen und mit der Béchamelsauce vermischen. Schinken- und Mozzarellawürfel sowie den geriebenen Parmesan unter die Sauce geben. Mit Salz und Pfeffer abschmecken.

5 Den Backofen bei Oberhitze auf 220°C vorheizen.

6 Jeden Eierkuchen mit etwas Füllung bestreichen und aufrollen. Eine flache Auflaufform einfetten und die Eierkuchen hineingeben. Mit geriebenem Parmesan bestreuen und mit Butterflöckchen besetzen. Auf der oberen Schiene des Backofens gratinieren, bis der Käse geschmolzen ist.

Beilage: cremige Tomatensauce oder ein Tomatensalat

Für 4 Personen

Zubereitungszeit: 50 Minuten

Pro Portion: 685 kcal, 35 g Eiweiß, 45 g Fett, 34 g Kohlenhydrate

Überbackenes Kartoffelpüree mit Käse

1 kg mehlig kochende Kartoffeln, geschält und gewürfelt

Salz

1/4 l (250 ml) Milch

4 EL Butter

frisch geriebene **Muskatnuss**

3 Eier

2 EL Meerrettich (aus dem Glas)

300 g Emmentaler oder **Gouda,** frisch gerieben

Butter für die Form

1 Die Kartoffeln schälen und in kleine Würfel schneiden. Die Kartoffelwürfel in einen Topf geben, knapp mit Wasser bedecken, salzen und in 15 Minuten weich kochen.

2 Das Kochwasser abgießen und bei weiterer Hitzezufuhr den Topf schütteln, bis die Kartoffeln ganz trocken sind.

3 Die Milch in einem großen Topf erhitzen und die Kartoffelwürfel durch die Kartoffelpresse in die heiße Milch drücken. Mit einem Schneebesen schlagen, bis eine sahnige Masse entsteht. Die Butter in Flöckchen unter das Püree rühren. Mit Salz und Muskatnuss abschmecken.

4 Die Eier, den Meerrettich und 250 g Käse mit dem Kartoffelpüree vermischen.

5 Eine Auflaufform einfetten. Den Backofen auf 200°C (Umluft 170°C, Gas Stufe 3) vorheizen.

6 Die Kartoffelmasse in einen Spritzbeutel füllen und in die Auflaufform spritzen. Mit dem restlichen Käse bestreuen.

7 Auf der mittleren Schiene des Backofens in 20 Minuten goldbraun backen.

Beilage: gebratener Fisch, gebratenes Fleisch, Salat

Getränkeempfehlung: Gurkenbowle – 1/2 Salatgurke in dünne Scheiben schneiden, mit 1/4 l Weißwein und 20 ml Arrak 1 Stunde ziehen lassen. Mit 1 Flasche Weißwein aufgießen, erneut ziehen lassen, vor dem Servieren mit 1/2 l Sekt aufgießen

Für 4 Personen

Zubereitungszeit: 1 Stunde 15 Minuten

Pro Portion: 610 kcal, 28 g Eiweiß, 38 g Fett, 37 g Kohlenhydrate

Rosenkohl-Kartoffel-Auflauf

1 kg fest kochende Kartoffeln, gekocht

750 g Rosenkohl

3 EL Olivenöl

Salz

1/8 l (125 ml) Wasser

1 kleine Zwiebel, gewürfelt

3 EL Butter

1 EL frisch gehackte **Petersilie**

100 g Kasseler, in Streifen geschnitten

3 Eier

frisch geriebene **Muskatnuss**

100 g geriebener **Gruyère**

Butter für die Form

1 Die Kartoffeln waschen und in Wasser gar kochen. Dann abgießen, pellen und auf der groben Seite der Rohkostreibe raffeln.

2 Vom Rosenkohl die äußeren welken Blätter entfernen, die Strünke kreuzweise einschneiden und waschen.

3 Das Öl in einem Topf erhitzen und den Rosenkohl tropfnass darin andünsten. Salzen, mit dem Wasser aufgießen und das Gemüse in ca. 20 Minuten gar dünsten.

4 Die geschälte Zwiebel in Würfel schneiden. 1 EL Butter in einer Pfanne zerlassen und die Zwiebelwürfel darin mit der Petersilie anschmoren. Das Kasseler in Streifen schneiden und in der restlichen Butter anrösten. Den Rosenkohl zu dem Fleisch geben und kurz durchschwenken.

5 Den Backofen auf 200 °C (Umluft 170 °C, Gas Stufe 3) vorheizen.

6 Die Eier mit Salz und Muskatnuss verquirlen. Die Eiermischung mit den Zwiebelwürfeln und der Hälfte des Käses vermischen.

7 Eine Auflaufform einfetten und die Hälfte der Kartoffeln hineingeben. Den Rosenkohl auf die Kartoffelschicht geben und mit den restlichen Kartoffeln bedecken. Den Eier-Käse-Guss darübergießen und den restlichen Käse darauf verteilen Den Auflauf im Backofen auf der mittleren Schiene in 30 Minuten goldbraun backen.

tipp

Dieses Gericht lässt sich gut vorbereiten. Man braucht es dann nur noch in den Backofen zu schieben.

Für 4 Personen

Zubereitungszeit: 45 Minuten

Pro Portion: 310 kcal, 16 g Eiweiß, 15 g Fett, 24 g Kohlenhydrate

Nudel-Pilz-Auflauf

250 g Austernpilze

50 g magerer roher Schinken

2 EL Öl

2 Fleischtomaten

1/2 Bund Petersilie, gehackt

1/2 Bund Basilikum, gehackt

schwarzer Pfeffer aus der Mühle

1/4 l (250 ml) Milch

2 Eier

30 g geriebener **Parmesan**

Fett für die Form

1 Die Nudeln in reichlich Salzwasser halbgar kochen, abschütten und abtropfen lassen.

2 Schalotten, Knoblauch und Möhren schälen, die Austernpilze putzen. Alles in kleine Würfel schneiden, ebenso den Schinken.

3 Den Backofen auf 200°C (Umluft 170°C, Gas Stufe 3) vorheizen.

4 Das Öl in einer beschichteten Pfanne erhitzen und die in Würfel geschnittenen Zutaten darin anschwitzen. Die Nudeln unterheben. Beiseite stellen.

5 Die Tomaten blanchieren, halbieren, entkernen und in Würfel schneiden. Kräuter mit den Tomatenwürfeln unter die Nudelmischung geben. Salzen, pfeffern und alles in eine gefettete Auflaufform füllen.

6 Milch und Eier gründlich verquirlen, mit Salz und Pfeffer würzen und den Auflauf damit begießen. Die Oberfläche mit Parmesan bestreuen.

7 Den Auflauf auf der mittleren Schiene des Backofens in etwa 30 Minuten goldbraun backen.

Beilage: Tomatensauce

Getränkeempfehlung: mit seinem aromatischen Bukett und dem herb-würzigen Fruchtgeschmack passt hier ein Gewürztraminer sehr gut

Für 4 Personen

Zubereitungszeit: 30 Minuten

Pro Portion: 825 kcal, 48 g Eiweiß, 29 g Fett, 91 g Kohlenhydrate

Thunfisch-Rigatoni-Gratin

500 g Rigatoni (italienische Nudelsorte)

Salz

2 Dosen Thunfisch im eigenen Saft (à 150 g)

1 kleine Dose Tomaten (400 g)

schwarzer Pfeffer aus der Mühle

100 g entsteinte **schwarze Oliven**

1 TL Oregano, frisch oder getrocknet

2 Kugeln Mozzarella (à 150 g)

Butter für die Form

1 Die Rigatoni in kochendem Salzwasser nach Packungsanweisung al dente kochen, sie sollen noch einen kräftigen Biss haben. In einem Sieb gut abtropfen lassen.

2 In der Zwischenzeit den Thunfisch abtropfen lassen und mit einer Gabel zerpflücken.

3 Die Tomaten samt Saft mit dem Thunfisch mischen, dabei die Tomaten mit einer Gabel zerdrücken. Die Sauce mit Salz und Pfeffer würzen. Die Oliven und den Oregano unterrühren.

4 Den Backofen auf 220 °C (Umluft 190 °C, Gas Stufe 4) vorheizen.

5 Eine Auflaufform einfetten. Die Nudeln einfüllen und die Sauce darauf verteilen.

6 Den Mozzarella in Scheiben schneiden und schuppenartig darauflegen. Mit Pfeffer bestreuen.

7 Den Auflauf auf der mittleren Schiene des Backofens 20 Minuten backen, bis der Käse fast geschmolzen ist.

Beilage: gemischter Salat mit Balsamico-Olivenöl-Dressing

Getränkeempfehlung: italienischer Rotwein, z. B. Barbera oder Teroldego

Für 4 Personen

Zubereitungszeit: 30 Minuten

Pro Portion: 835 kcal, 67 g Eiweiß, 22 g Fett, 92 g Kohlenhydrate

Tagliatelle-Auflauf mit Hühnerbrust

500 g schmale Bandnudeln (Tagliatelle)

Salz

4 Hühnerbrustfilets

2 EL Butter

schwarzer Pfeffer aus der Mühle

1 TL Kräuter der Provence

200 g tiefgekühlte Erbsen, aufgetaut (oder aus der Dose)

3 Eier

1/4 l (250 ml) Milch

80 g Knoblauchschnittkäse, frisch gerieben

1. Die Nudeln in kochendem Salzwasser laut Packungsanweisung al dente kochen, sie sollen noch einen kräftigen Biss haben. In einem Sieb gut abtropfen lassen.
2. In der Zwischenzeit die Hühnerbrustfilets in schmale Streifen schneiden und in 1 EL Butter kurz anbraten. Salzen, pfeffern und mit Kräutern der Provence bestreuen.
3. Den Backofen auf 200°C (Umluft 170°C, Gas Stufe 3) vorheizen.
4. Eine Auflaufform mit der restlichen Butter einfetten. Die Nudeln mit den Erbsen und den Hühnerbruststreifen mischen und hineinfüllen.
5. Die Eier mit der Milch gut verquirlen, den Knoblauchkäse unterrühren und die Mischung auf dem Auflauf verteilen.
6. Auf der mittleren Schiene des Backofens in 20 Minuten fertig garen und überbacken.

Beilage: gemischter Salat

Getränkeempfehlung: trockener Weißwein, z. B. Est! Est!! Est!!! oder weißer Rioja

Für 4 Personen

Zubereitungszeit: 1 Stunde 30 Minuten

Pro Portion: 845 kcal, 42 g Eiweiß, 40 g Fett, 79 g Kohlenhydrate

Makkaroni-Pastete

400 g Makkaroni

40 g Salz für 4 l Wasser

Füllung

250 g Pfifferlinge

1 kleine Zwiebel, gewürfelt

1 EL Butter

2 EL frisch gehackte **Petersilie**

250 g gekochter Schinken, in Streifen geschnitten

Salz

schwarzer Pfeffer aus der Mühle

Eierguss

¹/₄ l (250 ml) Milch

125 g Sahne

3 Eier

Salz

100 g Emmentaler oder **Gruyère,** frisch gerieben

außerdem

4 EL Semmelbrösel

2 EL Butter

Butter für die Form

1 Eine flache, rechteckige Auflaufform oder eine große Kuchenform dick mit Butter ausstreichen.

2 In einem länglichen Topf 4 l Wasser mit dem Salz zum Kochen bringen und die unzerbrochenen Makkaroni der Länge nach hineingeben. Nach Vorschrift auf der Packung al dente kochen. Dann abgießen und gut abtropfen lassen.

3 Inzwischen für die Füllung die Pilze putzen, die geschälte Zwiebel in Würfel schneiden. Die Butter in der Pfanne erhitzen, die Zwiebelwürfel darin glasig braten und die Pilze hinzufügen. 5 Minuten durchdünsten. Den Schinken in feine Streifen schneiden und mit den Pilzen vermischen. Mit Salz und Pfeffer abschmecken.

4 Für den Guss Milch, Sahne, Eier und Salz verquirlen und den Käse hinzufügen. Den Backofen auf 200 °C (Umluft 170 °C, Gas Stufe 3) vorheizen.

5 Eine Schicht Makkaroni der Länge nach in die Form geben. Mit der Hälfte der Pilz-Schinken-Mischung bedecken und eine zweite Schicht Makkaroni darübergeben. Mit der Hälfte der Eiermilch bedecken. Wieder Makkaroni darübergeben und den Rest des Pilz-Schinken-Gemisches. Mit den restlichen Makkaroni bedecken und die restliche Eiermilch darübergießen.

6 Die Oberfläche mit Semmelbröseln und mit Butterflöckchen bestreuen. Die Makkaronipastete auf der mittleren Schiene im Backofen in 40 – 45 Minuten goldbraun backen. In dicke Scheiben geschnitten anrichten.

Beilage: Tomatensauce und Salat

Getränkeempfehlung: roter Landwein

Mit Fleisch, Geflügel und Wild

Für 4 Personen

Zubereitungszeit: 1 Stunde

Pro Portion: 205 kcal, 22 g Eiweiß, 10 g Fett, 6 g Kohlenhydrate

Zucchini-Moussaka

1 Zwiebel, fein gewürfelt

2 Knoblauchzehen,
fein gewürfelt

1 EL Öl

300 g Tatar

1 kleine Dose geschälte Tomaten (400 g)

2 Zweige Thymian

Salz

schwarzer Pfeffer aus der Mühle

4 kleine Zucchini (600 g)

2 EL Crème fraîche

30 g frisch geriebener **Parmesan**

1 EL gehackte **Petersilie**

Fett für die Form

1. Zwiebel und Knoblauch schälen und in feine Würfel schneiden. Das Öl in einer Pfanne erhitzen und die Zwiebel- und Knoblauchwürfel darin bei mittlerer Hitze anschwitzen.
2. Das Tatar hinzufügen und kurz anbraten. Die klein geschnittenen Tomaten samt der Flüssigkeit sowie die Thymianzweige dazugeben. Salzen und pfeffern und bei mittlerer Hitze etwa 15 Minuten köcheln lassen. Die Kräuterzweige entfernen.
3. Währenddessen die Zucchini waschen, von den Stängelansätzen befreien und in dünne Scheiben schneiden.
4. Den Backofen auf 220 °C (Umluft 190 °C, Gas Stufe 4) vorheizen.
5. Crème fraîche und Parmesan verrühren. Dann die Petersilie daruntermischen.
6. Eine gefettete Auflaufform mit Zucchinischeiben schuppenförmig auslegen, darauf etwas von der Tomaten-Fleisch-Sauce geben und diese wieder mit Zucchinischeiben belegen. So fortfahren, bis alle Zutaten verbraucht sind. Den Abschluss bilden Zucchinischeiben.
7. Die Oberfläche mit der Crème-fraîche-Mischung bestreichen und den Auflauf auf der mittleren Schiene des Backofens in 25–30 Minuten goldbraun backen.

Beilage: Nudeln und grüner Salat

Für 4 Personen

Zubereitungszeit: 1 Stunde

Pro Portion: 400 kcal, 25 g Eiweiß, 27 g Fett, 11 g Kohlenhydrate

Sauerkraut-Auflauf mit Kasseler

250 g saure Sahne

1/8 l (125 ml) Cidre
(französischer Apfelwein)

3 Eier

Salz

schwarzer Pfeffer aus der Mühle

1/2 TL Kümmelsamen

1 TL gerebelter **Majoran**

Schmalz für die Form

1 Möhren und Apfel schälen und auf der groben Seite einer Rohkostreibe raspeln. Das Sauerkraut grob hacken und das Kasseler in kleine Würfel schneiden.

2 Den Backofen auf 200°C (Umluft 170°C, Gas Stufe 3) vorheizen.

3 Eine Auflaufform mit Schmalz ausfetten und abwechselnd Sauerkraut, Möhren, Kasseler und Äpfel in die Form schichten. Den Abschluss bildet Sauerkraut.

4 Saure Sahne und Cidre mit den Eiern gründlich verquirlen und mit Salz, Pfeffer, Kümmel und Majoran herzhaft würzen.

5 Die Sahnemischung über den Auflauf gießen und auf der mittleren Schiene des Backofens in etwa 40 Minuten gar backen.

Beilage: Kartoffelpüree oder Bauernbrot

tipp

Sie können den Auflauf vor dem Backen zusätzlich mit Sonnenblumenkernen bestreuen.

Für 4 Personen

Zubereitungszeit: 1 Stunde 10 Minuten

Pro Portion: 415 kcal, 37 g Eiweiß, 27 g Fett, 6 g Kohlenhydrate

Kräuterhackbraten

100 g magerer roher Schinken, fein gehackt

500 g Hackfleisch vom Rind

1 Scheibe Weißbrot

1 Ei

1 Zwiebel, fein gehackt

1 große Möhre, geraspelt

1/2 Bund frisch gehackte **Petersilie**

1 TL frisch gehackte **Majoranblätter**

2 gehackte **Salbeiblätter**

1 TL gehackte **Thymianblätter**

abgeriebene Schale von 1 unbehandelten Zitrone

1 TL Kräutersenf, Salz

schwarzer Pfeffer aus der Mühle

20 g Butter

1/8 l (125 ml) Fleischbrühe (aus Extrakt)

2 Fleischtomaten

Aus den Zutaten einen Fleischlaib formen und in die gut gefettete Kasserolle legen.

1. Den Schinken sehr fein hacken und mit dem Hackfleisch vermischen. Das Weißbrot in Wasser einweichen, ausdrücken und mit dem Ei zur Fleischmischung geben.
2. Den Backofen auf 200 °C (Umluft 170 °C, Gas Stufe 3) vorheizen.
3. Die Zwiebel schälen und fein hacken, die Möhren schälen und auf der feinen Seite der Rohkostreibe raspeln. Mit den Kräutern und der Zitronenschale zum Fleisch geben und alles zu einem Fleischteig verarbeiten. Mit Senf, Salz und Pfeffer würzig abschmecken und zu einem länglichen Laib formen.
4. Eine ovale Kasserolle mit der Hälfte der Butter ausfetten, den Fleischlaib hineinsetzen und mit der restlichen Butter in kleinen Flöckchen belegen. Auf der mittleren Schiene in etwa 30–40 Minuten gar braten. Dabei nach 15 Minuten mit der Fleischbrühe aufgießen.
5. Die Tomaten blanchieren, häuten und ohne Stängelansätze und Kerne in Würfel oder Viertel schneiden.
6. Den Hackbraten auf eine Fleischplatte heben. Die Tomaten in den Bratenfond geben und auf der Kochstelle kurz durchkochen lassen.
7. Den Braten in Scheiben schneiden und auf einer vorgewärmten Platte anrichten. Die Sauce getrennt reichen.

Beilage: Kartoffelpüree und Rosenkohl oder gemischter Salat

Für 4 Personen

Zubereitungszeit: 1 Stunde

Pro Portion: 275 kcal, 42 g Eiweiß, 11 g Fett, 2 g Kohlenhydrate

Geflügel-Spinat-Gratin

1 kg junger Blattspinat

1 Zwiebel, fein gewürfelt

2 Knoblauchzehen, fein gewürfelt

20 g Butter

Salz

schwarzer Pfeffer aus der Mühle

frisch geriebene **Muskatnuss**

4 kleine Hähnchenbrüstchen (à 150 g)

2 EL Crème fraîche

40 g frisch geriebener **Emmentaler**

1. Den Spinat sorgfältig verlesen, gründlich waschen und auf einem Durchschlag abtropfen lassen.
2. Den Backofen auf 220 °C (Umluft 190 °C, Gas Stufe 4) vorheizen.
3. Zwiebel und Knoblauch schälen und in feine Würfel schneiden. Die Butter in einem Topf erhitzen und Zwiebel- und Knoblauchwürfel darin anschwitzen.
4. Den tropfnassen Spinat dazugeben und in wenigen Minuten zusammenfallen lassen. Mit Salz, Pfeffer und Muskat würzen.
5. Die Hähnchenbrüstchen der Länge nach durchschneiden und mit Salz und Pfeffer einreiben.
6. In eine längliche Auflaufform abwechselnd den gut ausgedrückten Spinat und die Hühnerbrüstchen leicht überlappend hineinschichten. Crème fraîche und Käse verrühren und gleichmäßig darüber verteilen.
7. Das Gratin auf der mittleren Schiene des Backofens etwa 20 Minuten backen.

Beilage: Kartoffelpüree

Hähnchenbrüste der Länge nach durchschneiden und mit Salz und Pfeffer würzen.

Geflügelfleisch und Spinat abwechselnd in die Auflaufform legen.

Für 4 Personen

Zubereitungszeit: 40 Minuten

Pro Portion: 360 kcal, 47 g Eiweiß, 10 g Fett, 16 g Kohlenhydrate

Gebratene Hühnerschenkel

3 Knoblauchzehen, geschält

3 EL Tomatenmark

4 EL Honig

1 EL Worcestersauce

1 TL Oregano

1 EL Olivenöl

Salz

schwarzer Pfeffer aus der Mühle

4 große Hühnerschenkel (je ca. 300 g)

1 Die Knoblauchzehen in eine kleine Schüssel pressen und mit Tomatenmark, Honig, Worcestersauce, Oregano und Olivenöl zu einer Paste verrühren. Kräftig salzen und pfeffern.

2 Den Backofen auf 200 °C (Umluft 170 °C, Gas Stufe 3) vorheizen.

3 Die Hühnerschenkel rundum salzen und pfeffern und auf ein mit Alufolie (glänzende Seite nach oben) ausgelegtes Backblech legen. Mit der Paste bestreichen.

4 Das Blech in den Backofen auf die mittlere Schiene schieben und 25–30 Minuten garen. Falls die Oberfläche zu dunkel wird, mit Alufolie abdecken.

Beilage: Kartoffelsalat, mit Gurken gemischt

Getränkeempfehlung: Bier

tipp

Dies ist ein praktisches Gericht für Partys, also für viele Personen; sie können die Hühnerschenkel gleich aus der Hand essen.

Für 4 Personen

Zubereitungszeit: 1 Stunde, Einweichzeit: einige Stunden

Pro Portion: 590 kcal, 29 g Eiweiß, 41 g Fett, 27 g Kohlenhydrate

Kalbsgeschnetzeltes im Weißkohlblatt

100 g Roggenkörner, eingeweicht

8 große Weißkohlblätter

Salz

300 g kleine Steinpilze, gewürfelt

1 Schalotte, gewürfelt

250 g Kalbsfilet

weißer Pfeffer aus der Mühle

3 EL Traubenkernöl

1/4 l (250 ml) Brühe
(vom Rind, Kalb oder Gemüse)

250 g Sahne

100 g Emmentaler, frisch gerieben

20 g Butter oder **Margarine**

1 Die Roggenkörner über Nacht in reichlich kaltem Wasser einweichen. Am nächsten Tag mit Wasser bedeckt im Schnellkochtopf etwa 10 Minuten kochen lassen. Dann zum Abtropfen auf ein Sieb schütten.

2 Die Kohlblätter in reichlich kochendem Salzwasser 2 Minuten blanchieren, herausheben, kalt abschrecken, auf einem Küchentuch nebeneinander ausbreiten und trocken tupfen.

3 Die Steinpilze putzen, die Schalotte schälen und beides in kleine Würfel schneiden. Das Kalbsfilet trocken tupfen, in feine Streifen schneiden und mit Salz und Pfeffer würzen.

4 Das Öl in einer beschichteten Pfanne erhitzen und das Fleisch darin anschwitzen. Herausnehmen und warm stellen. Die Schalottenwürfel und die Steinpilze in die Pfanne geben, ebenfalls eine Minute anschwitzen, dann herausnehmen und zum Fleisch geben. Den Bratensatz mit 1/8 l Brühe und der Sahne ablöschen, bei starker Hitze kurz aufkochen, Fleisch und Pilze wieder hineingeben und gut durchkochen lassen. Zum Schluss den Käse untermischen und noch einmal abschmecken.

5 Den Backofen auf 200 °C (Umluft 170 °C, Gas Stufe 3) vorheizen.

6 Die etwas abgekühlte Füllung auf die Kohlblätter verteilen. Die Blätter seitlich über der Füllung einschlagen und wie Rouladen aufrollen. Nebeneinander in eine mit Butter oder Margarine ausgestrichene Auflaufform schichten, mit der restlichen Brühe begießen und die Rouladen im Backofen auf der mittleren Schiene 20 Minuten zugedeckt garen lassen.

Beilage: kleine Kartoffeln oder Naturreis

Getränkeempfehlung: trockener Riesling, z. B. aus dem Markgräflerland/Baden

Für 4 Personen

Zubereitungszeit: 3 Stunden 40 Minuten

Pro Portion: 750 kcal, 38 g Eiweiß, 84 g Fett, 12 g Kohlenhydrate

Schweinebauchbraten mit Sauerkrautfüllung

1 kg magerer Schweinebauch mit Schwarte

Salz

Pfeffer

2 EL Gänse- oder **Schweineschmalz**

4 mittelgroße Zwiebeln, gewürfelt

1 EL Kümmel

1/8 l (125 ml) Wasser

2 EL Crème fraîche

Füllung

2 aromatische Birnen, in Scheiben geschnitten

1 EL Gänse- oder **Schweineschmalz**

1 EL Zucker

500 g Sauerkraut

1/2 Lorbeerblatt

4 Wacholderbeeren

1/2 Glas Weißwein

1 Beim Einkauf gleich eine Tasche für die Füllung in den Schweinebauch schneiden lassen. Die Schwarte mit einem scharfen Messer in Rauten oder Vierecke schneiden.

2 Für die Füllung die Birnen vierteln, schälen, das Kerngehäuse entfernen und in kleine Scheiben schneiden. 1 EL Schmalz erhitzen und die Birnenscheiben darin anbraten. Den Zucker darüberstreuen und leicht karamellisieren lassen. Das Sauerkraut mit den Gewürzen hinzufügen, mit den Birnen vermischen und mit dem Wein aufgießen. Den Topf mit einem Deckel verschließen. 10 Minuten bei leichter Hitze dünsten und dann abkühlen lassen.

3 Das Fleisch salzen und pfeffern. Das erkaltete Kraut in die Tasche des Schweinebauchs füllen und die Öffnung mit einem Baumwollfaden zunähen.

4 Das Schmalz in einem großen Schmortopf erhitzen und das Fleisch von beiden Seiten anbraten. Die Zwiebel schälen, in Würfel schneiden und mit dem Kümmel im Bratenfett anschmoren. Mit dem Wasser aufgießen. Den Topf gut verschließen und in den vorgeheizten Backofen geben.

5 Bei Mittelhitze (210°C, Umluft 180°C, Gas Stufe 3) in etwa 3 Stunden gar schmoren lassen. Dabei in der letzten halben Stunde den Deckel entfernen. Das Fleisch mit dem Bratensaft begießen und knusprig braten lassen. Herausnehmen und warm stellen.

6 Den Bratensaft völlig entfetten und etwas einkochen lassen. Die Crème fraîche hinzufügen und erneut durchkochen. Wenn nötig, mit etwas Salz und frisch gemahlenem Pfeffer abschmecken.

7 Den Schweinebauch in dicke Scheiben schneiden, die Sauce getrennt dazu reichen.

Beilage: Thüringer Kartoffelklöße

Für 6 Personen

Zubereitungszeit: 2 Stunden

Pro Portion: 310 kcal, 36 g Eiweiß, 17 g Fett, 1 g Kohlenhydrate

Pikanter Schweinebraten

1 kg ausgelöster Schweinerücken

Salz

Paprika, edelsüß

2 fein gewürfelte **Knoblauchzehen**

½ TL frisch gehackter **Kümmel**

Mehl zum Bestäuben

40 g Schmalz oder **1 EL Butter und 1 EL Öl**

1 EL Tomatenmark

1 EL Senf

0,1 l (100 ml) Weißwein

6 EL Sahne

1. Das Fleisch waschen, trocken tupfen, mit den Gewürzen einreiben und leicht mit Mehl bestäuben. Den Backofen auf 200 °C (Umluft 170 °C, Gas Stufe 3) vorheizen.
2. In einem eisernen Schmortopf das Fett erhitzen und den Schweinebraten darin von allen Seiten anbraten. Tomatenmark mit Senf verrühren und den Braten auf der fetten Seite damit bestreichen.
3. Den Braten auf die mittlere Schiene des Backofens schieben und nach und nach den Wein und, wenn nötig, ⅛ l Wasser an den Seiten angießen (den Braten nicht von oben begießen, damit die Kruste gut bräunt). In 1½ Stunden gar braten.
4. Den Braten aus dem Topf nehmen und 5 Minuten zugedeckt stehen lassen.
5. Den Bratensaft mit ½ Tasse Wasser ablöschen und in eine kleine Kasserolle geben. Die Sahne hinzufügen und etwas einkochen lassen.
6. Den Braten aufschneiden und die Sauce getrennt dazu reichen.

Beilage: Knödel und Sauerkraut

Getränkeempfehlung: Bier oder kräftiger Landwein

Für 4 Personen

Zubereitungszeit: 1 Stunde 45 Minuten

Pro Portion: 475 kcal, 83 g Eiweiß, 11 g Fett, 5 g Kohlenhydrate

Geschmorte Kalbshaxe

1 große Kalbshaxe (ca. 1,5 kg)

Salz

weißer Pfeffer aus der Mühle

2 EL Butter

250 g magerer Schweinebauch mit Schwarte

2 Möhren, in Scheiben geschnitten

1 große Zwiebel, gewürfelt

2 Nelken

1 Stück Schale von 1 unbehandelten Zitrone

1/2 Lorbeerblatt

gut 1/8 l (125 ml) Weißwein

1/4 l (250 ml) Fleischbrühe (aus Extrakt)

2 Tomaten

Die Kalbshaxe zusammen mit dem Schweinebauch in der Butter hellbraun anbraten.

1 Die Kalbshaxe waschen, trocken tupfen und mit Salz und Pfeffer einreiben. Die Butter in einem Schmortopf erhitzen. Dann Kalbshaxe und Schweinebauch darin von allen Seiten hellbraun braten.

2 Den Backofen auf 200 °C (Umluft 170 °C, Gas Stufe 3) vorheizen.

3 Die Möhren und die Zwiebel schälen, die Möhren in Scheiben, die Zwiebel in Würfel schneiden. Zu dem Fleisch geben und 5 Minuten mit anrösten. Die Gewürze hinzufügen und mit dem Wein und der Fleischbrühe aufgießen. Die Tomaten überbrühen, häuten und in Stückchen schneiden, dabei das harte gelbe Innere zurücklassen. Zu dem Fleisch geben und mit Salz und Pfeffer würzen.

4 Den Schmortopf mit dem Deckel fest verschließen und auf die untere Schiene in den Backofen schieben. Das Fleisch in 1 1/2 Stunden gar schmoren lassen. Die letzten 15 Minuten den Topf öffnen und die Haxe unter Begießen mit der Sauce glasieren.

5 Haxe und Schweinebauch aus der Sauce nehmen und warm stellen. Den Schweinebauch eventuell noch kurz im heißen Backofen bräunen. Die Sauce mit dem Gemüse durch ein Sieb streichen und gut entfetten. Haxe und Schweinebauch (ohne Schwarte) in Scheiben schneiden und zusammen auf einer Platte anrichten. Die Sauce dazu reichen.

Beilage: Kartoffelklöße oder Semmelknödel, Erbsen- und Möhrengemüse

Getränkeempfehlung: junger, saftiger Weißwein

Für 4 Personen

Zubereitungszeit: 30 Minuten

Pro Portion: 470 kcal, 40 g Eiweiß, 31 g Fett, 8 g Kohlenhydrate

Rinderlende mit Petersilienkruste

2 große Markknochen
3 EL Öl
750 g Rinderlende
Salz
schwarzer Pfeffer aus der Mühle
2–3 Bund glatte Petersilie
6 EL Semmelbrösel
frisch geriebene **Muskatnuss**
1 Msp. Cayennepfeffer
1 TL scharfer Senf

1 Die Markknochen in kaltes Wasser legen, damit sich das Mark besser herausschieben lässt.

2 Das Öl in einer breiten Pfanne erhitzen. Die Rinderlende trocken tupfen und rundum 10 Minuten anbraten, salzen, pfeffern und aus der Pfanne nehmen. Den Backofen auf 250°C (Umluft 220°C, Gas Stufe 5) vorheizen.

3 Für die Kräuterpaste die Petersilie abbrausen, trocken tupfen und fein hacken. Mit den Semmelbröseln in eine Schüssel füllen. Das Mark aus den Knochen dazugeben und mit einer Gabel zerdrücken. Die Mischung mit Salz, Pfeffer, Muskat und Cayennepfeffer würzen. Den Senf dazugeben und alles gründlich verrühren.

4 Das Fleisch in eine feuerfeste, geölte Form setzen und mit der Kräuterpaste bestreichen. Im vorgeheizten Backofen 5–8 Minuten überbacken, bis die Kruste goldbraun geworden ist. Das Fleisch zum Servieren schräg zur Faser in fingerdicke Scheiben schneiden.

Beilage: Zuckerschoten und Kartoffelgratin

Getränkeempfehlung: herzhafter Rotwein aus Württemberg

Die Markknochen in kaltem Wasser einweichen. Das Mark lässt sich dann besser herausdrücken.

Die Lende von allen Seiten knusprig braten.

Zerdrücktes Knochenmark mit Petersilie, Semmelbröseln und Gewürzen vermischen.

Die Kräutermasse auf das Fleisch streichen. Mit der Gabel dekorative Diagonalstreifen einkerben.

Für 4 Personen

Zubereitungszeit: 2 Stunden

Pro Portion: 235 kcal, 30 g Eiweiß, 9 g Fett, 5 g Kohlenhydrate

Kalbsbraten mit Rosmarin

500 g Kalbsnuss

Salz

schwarzer Pfeffer aus der Mühle

2 Knoblauchzehen

2 Zweige frischer **Rosmarin**

50 g dünn geschnittener **Parmaschinken**

1 Zwiebel, gewürfelt

2 Stangen Staudensellerie, gewürfelt

4 Fleischtomaten

1 EL Olivenöl

1/8 l (125 ml) trockener Weißwein (z. B. Soave)

2 EL frisch gehackte **Petersilie**

1 Das Kalbfleisch waschen, trocken tupfen und mit Salz, Pfeffer und den durchgepressten Knoblauchzehen einreiben. Eine Seite mit den Rosmarinzweigen belegen und leicht überlappend mit den Schinkenscheiben bedecken. Den Braten mit einem Baumwollfaden umwickeln.

2 Die Zwiebel schälen, den Staudensellerie waschen und beides in kleine Würfel schneiden. Die Tomaten blanchieren, häuten und ohne Stängelansätze und Kerne in Stücke teilen. Den Backofen auf 200 °C (Umluft 170 °C, Gas Stufe 3) vorheizen.

3 Das Öl in einem Bräter erhitzen und das Fleisch darin von allen Seiten anbraten. Zwiebel- und Selleriewürfel hinzufügen und anschwitzen. Die Tomatenstücke dazugeben, mit Wein aufgießen und einmal aufkochen lassen.

4 Den Topf gut verschließen und den Braten auf der mittleren Schiene im Backofen in etwa 1 Stunde gar schmoren, dabei das Fleisch zwischendurch mit der Tomatensauce begießen. 15 Minuten vor Ende der Garzeit den Deckel abnehmen und den Braten offen fertig garen.

5 Das Fleisch herausnehmen und mit Alufolie umhüllt einige Minuten ruhen lassen. Die Sauce auf der Kochstelle kurz durchkochen lassen, die Petersilie untermischen.

6 Den Kalbsbraten in Scheiben schneiden und auf einer vorgewärmten Platte anrichten. Die Sauce getrennt reichen.

Beilage: Penne oder Kartoffelgnocchi und Römischer Salat

Das Fleisch mit Schinkenscheiben bedecken und mit einem Baumwollfaden umwickeln.

Für 6 Personen

Zubereitungszeit: 2–3 Stunden

Pro Portion: 555 kcal, 35 g Eiweiß, 36 g Fett, 23 g Kohlenhydrate

Lammkeule arabische Art

1 Lammkeule (ca. 1,5 kg)

3–4 Knoblauchzehen, in Stifte geschnitten

Salz

schwarzer Pfeffer aus der Mühle

3 EL Olivenöl

750 g Kartoffeln, in Scheiben geschnitten

2 große Zwiebeln, in Scheiben geschnitten

500 g Tomaten, in Scheiben geschnitten

1 TL Oregano

1–2 Auberginen

1 Die Lammkeule kurz waschen und trocken tupfen. Den Knoblauch in Stifte schneiden. Mit einem spitzen Messer kleine Einstiche in das Fleisch machen und die Knoblauchstifte hineinstecken. Die Lammkeule reichlich mit Salz und Pfeffer einreiben. 2 EL Öl in einem großen, länglichen Bratentopf erhitzen und die Lammkeule darin von beiden Seiten anbraten.

2 Den Backofen auf 220°C (Umluft 190°C, Gas Stufe 4) vorheizen. Die Kartoffeln schälen und in dicke Scheiben schneiden. Die geschälten Zwiebeln und Tomaten ebenfalls in Scheiben schneiden. Mit Salz und Pfeffer mischen. Das Gemüse um die Lammkeule legen und mit dem Oregano bestreuen.

3 Den Braten in den Backofen schieben, die Hitze auf 180°C (Umluft 150°C, Gas Stufe 2) zurückstellen und die Lammkeule in etwa 2 Stunden gar braten. Gelegentlich mit dem austretenden Bratensaft begießen und die Keule einmal umdrehen. Die fette Seite soll dann oben sein.

4 Die Auberginen waschen, in Scheiben schneiden und nach 45 Minuten Bratzeit zu dem Fleisch geben.

5 Das Gemüse einmal während der Bratzeit wenden, damit alles gleichmäßig in dem Bratensaft gart. Überschüssiges Fett abschöpfen. Wenn das Gemüse sehr trocken wird, kann man es gelegentlich mit etwas Wasser befeuchten. Die Lammkeule tranchieren, in Scheiben schneiden und mit dem Gemüse umlegt anrichten.

Beilage: Reis

Getränkeempfehlung: kräftiger Rotwein, z. B. Rioja

Für 6 Personen

Zubereitungszeit: 1 Stunde

Pro Portion: 255 kcal, 18 g Eiweiß, 13 g Fett, 14 g Kohlenhydrate

Französisches Fleischbrot

150 g Schinkenspeck

1 Zwiebel

2 gekochte **Kartoffeln**

250 g Beefsteakhack

50 g geschälte **Mandeln**

2 eingeweichte, gut ausgedrückte Brötchen (ohne Rinde)

1 Prise frisch geriebene **Muskatnuss**

1 TL Currypulver

Salz

1 EL Butter

2 cl Cognac

2 Eier, getrennt

Butter für die Form und zum Bestreichen

1 Eine Kastenform ausbuttern. Den Backofen auf 250 °C (Umluft 220 °C, Gas Stufe 5) vorheizen.

2 Speck, Zwiebel und Kartoffeln im Mixer grob hacken und mit den übrigen Zutaten außer dem Eiweiß vermischen und verkneten.

3 Die Eiweiße steif schlagen und unter den Teig ziehen. Den Teig in die Kastenform füllen. Etwas Butter zerlassen und das Fleischbrot damit bepinseln. Auf der mittleren Schiene in etwa 30 Minuten gar backen. Warm oder kalt servieren.

Beilage: gemischter Salat und Senffrüchte

Getränkeempfehlung: kräftiger Rotwein, z. B. Cahors oder Bergerac

Für 4 Personen

Zubereitungszeit: 30 Minuten

Pro Portion: 790 kcal, 19 g Eiweiß, 79 g Fett, 0 g Kohlenhydrate

Lammrücken mit Pistou

1 ausgelöster **Lammrücken (ca. 600 g)**

Salz

weißer Pfeffer aus der Mühle

3 EL Olivenöl

2 EL feiner Dijonsenf

Pistou

1 Bund Petersilie, fein gehackt

1 Bund Basilikum, fein gehackt

1 Bund Kerbel, fein gehackt

20 g Rosmarinnadeln, fein gehackt

2 Knoblauchzehen, fein gehackt

¹/₄ l (250 ml) Olivenöl

Salz

weißer Pfeffer aus der Mühle

Semmelbrösel zum Binden

1. Den Backofen auf 200 °C (Umluft 170 °C, Gas Stufe 3) vorheizen. Den Lammrücken waschen, trocken tupfen und mit Salz und Pfeffer einreiben. Das Öl in einer Kasserolle mit feuerfesten Griffen erhitzen und das Fleisch darin von beiden Seiten anbraten. In den Backofen stellen und in etwa 5 Minuten fertig garen.

2. Für das Pistou die Kräuter und die geschälten Knoblauchzehen fein hacken und unter Rühren das Öl dazugießen. Mit Salz und Pfeffer würzen. Nach und nach so viel Semmelbrösel hinzufügen, dass eine geschmeidige Paste entsteht. Das Fleisch aus dem Ofen nehmen und den Grill einschalten.

3. Den Lammrücken erst mit Senf, dann mit dem Pistou bestreichen und einige Minuten unter dem Grill gratinieren. Bei Tisch tranchieren.

Beilage: Kartoffeln und Zucchinigemüse

Getränkeempfehlung: Rotwein aus der Provence

tipp

Sie können den Lammrücken auch mit den Knochen anbraten, ihn dann erst auslösen, wieder auf das Knochengerüst setzen und dann mit Pistou bestrichen unter dem Grill gratinieren.

Für 6 Personen

Zubereitungszeit: 1 Stunde 30 Minuten, Marinierzeit: 3–4 Stunden

Pro Portion: ca. 750 kcal, 53 g Eiweiß, 44 g Fett, 13 g Kohlenhydrate

Kasseler mit Honigkruste

1 1/2 kg roher Kasseler Rippenspeer mit Fettrand und Knochen

1/2 Flasche Rheingauer Weißwein

Schale von 1/2 Zitrone

1 Zwiebel, geviertelt

6 Pfefferkörner

1 Stückchen Ingwerwurzel

6 Wacholderbeeren

Honigkruste

2 EL Honig

2 EL scharfer Senf

1 EL Orangenmarmelade

1 EL Meerrettich

1 EL frisch gemahlene **Semmelbrösel**

4 EL Crème fraîche

1/8 l (125 ml) Fleischbrühe aus Extrakt

Salz

frisch gemahlener **Pfeffer**

1 Das Fleisch in einer Schüssel mit dem Wein übergießen, die Gewürze hinzufügen und 3–4 Stunden durchziehen lassen, dabei hin und wieder wenden.

2 Das Kasseler mit der Oberseite nach unten in einen länglichen Schmortopf geben und ein Drittel der Weinmarinade mit den Gewürzen hinzugießen.

3 Im vorgeheizten Backofen bei mittlerer Hitze (200 °C, Umluft 170 °C, Gas Stufe 3) 15 Minuten braten, dann das Fleisch wenden. Im offenen Topf unter Begießen mit dem Bratensaft weitere 20 Minuten braten lassen, evtl. etwas Flüssigkeit durch weitere Weinmarinade hinzufügen.

4 Für die Kruste den Honig mit dem Senf, der Orangenmarmelade, dem Meerrettich und den Semmelbröseln sowie 1 EL Crème fraîche verrühren und die Oberseite des Kasselers damit gleichmäßig bestreichen. Bei starker Hitze (225 °C, Umluft 200 °C, Gas Stufe 4) weitere 15 Minuten braten, bis die Kruste knusprig braun ist. Eventuell noch einmal mit etwas Honigcreme nachstreichen.

5 Das Fleisch herausnehmen und warm stellen.

6 Den Bratensatz mit der Fleischbrühe und zwei Tassen Weinmarinade ablöschen. Durch ein Sieb in einen kleinen Topf geben, um ein Drittel einkochen lassen und die restliche Crème fraîche hinzufügen. Nach nochmaligem Durchkochen mit Salz und Pfeffer abschmecken.

7 Das Fleisch von den Knochen lösen und in Scheiben schneiden. Die Sauce getrennt reichen.

Beilage: Fingernudeln, Zuckererbsen und junge Möhren oder abgetropftes Aprikosenkompott

Für 7 Personen

Zubereitungszeit: 3–3½ Stunden

Pro Portion: 530 kcal, 42 g Eiweiß, 59 g Fett, 8 g Kohlenhydrate

Schweinekrustenbraten

1–1½ kg Schweinekeule (Oberschale) oder **Schweineschulter mit Schwarte**

Salz

Pfeffer aus der Mühle

1 EL Schmalz oder Butter

1 Bund Suppengrün, fein geschnitten

1 TL Kümmel

1 Msp. Majoran

etwas dunkles Bier

1 Den Schweinebraten mit der bereits eingeschnittenen Schwarte gründlich mit Salz und frisch gemahlenem Pfeffer einreiben (nach Geschmack auch mit einer zerdrückten Knoblauchzehe).

2 Das Fett in einem Schmortopf erhitzen und den Schweinebraten darin von allen Seiten anbraten. Das klein geschnittene Suppengrün, Kümmel und Majoran hinzufügen und mit einer Tasse Wasser aufgießen.

3 In den Backofen schieben und bei mittlerer Hitze (200°C (Umluft 170°C, Gas Stufe 3) unter gelegentlichem Begießen mit dem Bratensaft in 1½–2 Stunden gar braten. Die letzte halbe Stunde immer wieder mit Bier bepinseln, damit die Kruste schön knusprig wird. Den Braten herausnehmen und 10 Minuten stehen lassen, bevor er aufgeschnitten wird.

4 Den Bratensaft mit etwas Wasser ablöschen, durch ein Sieb gießen, entfetten und evtl. noch mit etwas Salz abschmecken. Den Bratensaft ungebunden zu dem aufgeschnittenen Braten reichen.

Beilage: Kartoffelknödel, Sauerkraut, Blaukraut/Rotkohl oder Krautsalat

Getränkeempfehlung: Bier

Das Fleisch von allen Seiten anbraten.

Die Schwarte mit Bier bepinseln.

Für 4 Personen

Zubereitungszeit: 1 Stunde 30 Minuten

Pro Portion: 1100 kcal, 56 g Eiweiß, 50 g Fett, 78 g Kohlenhydrate

Ente mit Lübscher Füllung

1 junge Ente (1,5–2 kg)
Salz
weißer Pfeffer aus der Mühle
1 EL Butter
1 Entenleber
knapp 1/4 l (250 ml) Weißwein

Füllung
100 g Rosinen
2 cl Rum
3 säuerliche Äpfel, gewürfelt
1 EL Entenfett
250 g Weißbrotwürfel
Salz
1 Msp. Salbei
1 Msp. Kardamom
1 Msp. Zimt
2–3 EL Weißwein

1 Für die Füllung die Rosinen in Rum einweichen und etwas ziehen lassen. Die Äpfel waschen, schälen, vierteln, das Kerngehäuse entfernen. Apfelstücke würfeln.

2 Das Entenfett in einer Pfanne erhitzen und die Apfelwürfel darin andünsten. Die Brotwürfel hinzufügen. Mit Salz und Gewürzen abschmecken und die eingeweichten Rosinen in den Topf geben. Unter Rühren einige EL Weißwein daruntermischen, sodass eine geschmeidige Masse entsteht.

3 Die Ente waschen und abtrocknen. Innen und außen mit Salz und Pfeffer einreiben. Die Füllung in die Ente geben, dabei 1 EL Füllung für die Sauce zurückbehalten. Die Öffnung der Ente mit einem Baumwollfaden zunähen. Den Backofen auf 200°C (Umluft 170°C, Gas Stufe 3) vorheizen.

4 In einem eisernen Schmortopf die Butter auf dem Herd erhitzen und die Ente darin von allen Seiten anbraten. Den Topf verschließen und auf die untere Schiene in den Backofen stellen. Die Ente 30 Minuten braten lassen. Den Deckel abnehmen und die Ente mit der Brustseite nach oben in weiteren 45 Minuten goldbraun braten. Regelmäßig mit dem Bratensaft begießen. Die fertige Ente aus dem Topf nehmen und warm stellen.

5 Den Bratensaft entfetten. Die Entenleber in Würfel schneiden und in dem Bratenfond kurz andünsten. Die zurückbehaltene Füllung hinzugeben, mit dem Weißwein aufgießen und aufkochen lassen.

6 Vorsichtig die Füllung aus der Ente nehmen und in Scheiben schneiden. Die Ente tranchieren und auf einer vorgewärmten Platte mit der Füllung anrichten. Die Sauce getrennt reichen.

Beilage: Kartoffelkroketten und Rotkohl

Getränkeempfehlung: vollmundiger Burgunder oder Bordeaux

Für 7 Personen

Zubereitungszeit: 2 Stunden, Ruhezeit: 12 Stunden

Pro Portion: 650 kcal, 74 g Eiweiß, 35 g Fett, 1 g Kohlenhydrate

Rehkeule Schwarzwälder Art

- **1 Rehkeule (ca. 1,8–2 kg)**
- **Essig**
- **Salz**
- **Pfeffer**
- **4** zerdrückte **Wacholderbeeren**
- **1 Löffelspitze Ingwer**
- **etwas Koriander**
- **6 dünne Scheiben** durchwachsener **Speck**
- **50 g Butter**
- **1 Zweiglein Thymian**
- **1 Lorbeerblatt**
- **einige Pfefferkörner**
- **1 Zwiebel**
- **1 Möhre**
- **1 Stückchen Sellerie**
- **1 Petersilienwurzel**
- **1/4 l (250 ml) Rotwein**
- **200 g Crème fraîche**

1 Die Rehkeule eine Nacht in ein mit Essig getränktes Tuch wickeln. Wenn die Rehkeule von einem jungen Tier stammt (1–3 Jahre alt), braucht sie weder eingelegt noch gespickt zu werden.

2 Die Rehkeule sorgfältig enthäuten und das Fleisch um den Knochen etwas einschneiden. Aus Salz, Pfeffer, zerdrückten Wacholderbeeren, Ingwer und zerstoßenem Koriander eine Gewürzmischung herstellen und das Rehfleisch damit einreiben. Mit den Speckscheiben umlegen und mit einem feinen Bindfaden umwickeln.

3 Die Butter erhitzen und die Rehkeule darin anbraten. Die restlichen Gewürze sowie das klein geschnittene Gemüse hinzufügen.

4 Im vorgeheizten Backofen bei guter Hitze (220 °C, Umluft 190 °C, Gas Stufe 4) in etwa 1 1/2–2 Stunden gar braten. Während des Bratens hin und wieder mit dem Bratfett begießen. Die Keule herausnehmen und in Alufolie verpackt warm stellen.

5 Den Bratensatz entfetten und mit dem Wein aufgießen. Abkochen lassen und in eine Kasserolle geben. Die Crème fraîche hinzufügen und die Sauce 10 Minuten einkochen lassen.

6 Die Speckscheiben von der Rehkeule entfernen. Das Fleisch aufschneiden und auf einer vorgewärmten Platte anrichten. Die Sauce durch ein Sieb streichen und getrennt dazu reichen.

Beilage: Spätzle, frische Pfifferlinge oder Rosenkohl, in Rotwein geschmorte Birnen oder Feldsalat mit Walnüssen

Für 4 Personen

Zubereitungszeit: 2 Stunden 40 Minuten

Pro Portion: 985 kcal, 49 g Eiweiß, 43 g Fett, 47 g Kohlenhydrate

Geschmortes Rebhuhn mit Oliven

100 g schwarze Oliven

100 g gepökelter durchwachsener Speck, fein gewürfelt

4 küchenfertige Rebhühner

Salz

schwarzer Pfeffer aus der Mühle

2 Knoblauchzehen

3 Wacholderbeeren

10 schwarze Pfefferkörner

1 Zweig Thymian

4 Basilikumblätter

1 kleiner Zweig Rosmarin

1 Zweig Bohnenkraut

1 Salbeiblatt

2 EL Olivenöl

Teig zum Verschließen

200–300 g Mehl

Wasser nach Bedarf

1 Die Oliven entsteinen und halbieren. Den Speck klein würfeln. Beides in einem kleinen Topf mit Wasser bedeckt aufkochen. Auf ein Sieb abgießen und kalt abspülen. Den Backofen auf 130 °C (Umluft 100 °C, Gas Stufe 1) vorheizen.

2 Die Rebhühner halbieren. Mit Salz und Pfeffer einreiben. In einen Bräter (am besten aus Gusseisen) mit passendem Deckel legen. Die Knoblauchzehen schälen. Die Wacholderbeeren und die Pfefferkörner mit einem großen Messer oder einem sauberen Topfboden leicht zerdrücken und mit dem Knoblauch zu den Rebhühnern geben. Die Oliven und den Speck sowie die gewaschenen, trocken getupften Kräuter ebenfalls in den Bräter geben. Salzen, pfeffern und 3 EL Wasser zufügen. Das Ganze mit dem Olivenöl begießen.

3 Das Mehl auf ein Teigbrett geben, eine Vertiefung machen und ca. 1/8 l Wasser hineingießen. Zu einem zähen Teig verarbeiten. Nach Bedarf etwas Wasser nachgießen. Der Teig soll so fest wie Brotteig sein. Aus dem Teig eine Rolle formen. Diese auf den Rand des Deckels aufsetzen und beim Zudecken des Bräters den Teig fest andrücken, um das Gefäß hermetisch abzuschließen.

4 Die Rebhühner auf der mittleren Schiene des Backofens 2 Stunden schmoren lassen. Den Topf erst am Tisch öffnen.

Die halbierten, gewürzten Rebhühner in einen Bräter legen. Kräuter darauf verteilen.

Für den Teigrand Mehl auf eine Tischplatte sieben.

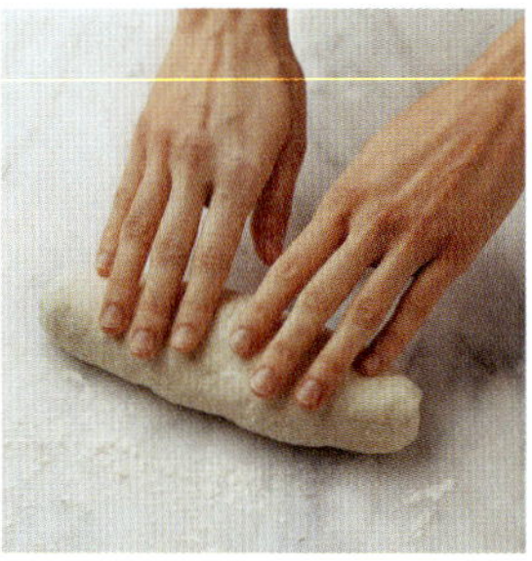

Wasser und Mehl zu einem festen Teig kneten und zu einer Rolle formen.

Den Teig fest um den Deckelrand drücken, damit der Bräter hermetisch verschlossen wird.

Mit Fisch und Meeresfrüchten

Für 4 Personen

Zubereitungszeit: 1 Stunde

Pro Portion: 305 kcal, 30 g Eiweiß, 11 g Fett, 22 g Kohlenhydrate

Spanischer Fischtopf

1 Gemüsezwiebel, gehobelt

2 Knoblauchzehen, fein gehackt

400 g mehlig kochende Kartoffeln, in dünne Scheiben geschnitten

2 rote Paprikaschoten, in Streifen geschnitten

3 Fleischtomaten

10 schwarze, entkernte **Oliven**

600 g Fischfilet (z. B. Rotbarsch, Lengfisch, Kabeljau)

Salz

schwarzer Pfeffer aus der Mühle

Saft von 1 Zitrone

2 EL Olivenöl

1 TL gerebelter **Thymian**

2 EL gehackte **Petersilie**

1/8 l (125 ml) Fischfond (aus dem Glas)

2 EL saure Sahne

1/2 TL Paprika, edelsüß

1 Gemüsezwiebel und Knoblauch schälen, die Zwiebel in hauchdünne Scheiben schneiden, am besten auf dem Gurkenhobel. Die Knoblauchzehen fein hacken. Die Kartoffeln waschen, schälen und in sehr dünne Scheiben schneiden.

2 Paprikaschoten waschen, halbieren, entkernen und in schmale Streifen schneiden. Die Tomaten blanchieren, häuten und in Scheiben schneiden, die Oliven vierteln oder halbieren.

3 Das Fischfilet waschen, trocken tupfen und in 2 cm breite Streifen schneiden. Mit Salz und Pfeffer würzen und mit Zitronensaft beträufeln.

4 Den Backofen auf 200 °C (Umluft 170 °C, Gas Stufe 3) vorheizen. Eine feuerfeste Auflaufform mit 1 EL Öl ausstreichen und abwechselnd eine Schicht Kartoffeln, Paprika, Zwiebelringe, Tomaten, Oliven und Fisch hineingeben und so fortfahren, bis alle Zutaten verbraucht sind. Jede Lage mit Salz, Pfeffer, Thymian und Petersilie bestreuen. Mit Fischfond begießen und die Form mit Alufolie oder einem Deckel verschließen.

5 Den Auflauf in etwa 30–40 Minuten auf der mittleren Schiene garen. Nach etwa 20 Minuten die Folie abnehmen. Restliches Öl, saure Sahne und Paprika verquirlen und den Auflauf damit bestreichen. Ohne Abdeckung fertig garen.

6 Den Fischtopf vor dem Servieren einige Minuten ruhen lassen.

Getränkeempfehlung: roter Landwein aus der Provence oder aus Spanien

Für 4 Personen

Zubereitungszeit: 50 Minuten

Pro Portion: 210 kcal, 32 g Eiweiß, 8 g Fett, 2 g Kohlenhydrate

Fischfilet mit Pilzkruste

600 g Fischfilet (z. B. Kabeljau, Lengfisch oder Dorsch)

Salz

weißer Pfeffer aus der Mühle

Saft von 1/2 Zitrone

500 g Shiitakepilze

3 Schalotten, gewürfelt

20 g Butter oder **Margarine**

4 EL trockener Weißwein

2 EL gehackte **Petersilie**

40 g frisch geriebener Käse (z. B. Emmentaler oder Gouda)

1 Die Fischfilets waschen, trocken tupfen, salzen, pfeffern und mit Zitronensaft beträufeln.

2 Die Pilze putzen, nur falls nötig, kurz waschen und in kleine Stücke schneiden. Die Schalotten schälen und fein hacken.

3 Den Backofen auf 180 °C (Umluft 150 °C, Gas Stufe 2) vorheizen. Das Fett in einer Kasserolle erhitzen und die Zwiebelwürfel darin glasig braten. Die Shiitakepilze hinzufügen und darin anschwitzen. Mit Wein aufgießen, salzen und pfeffern und so lange offen bei starker Hitze kochen lassen, bis die Flüssigkeit verdampft ist. Dann Petersilie und Käse untermischen.

4 Die Hälfte der Pilze auf den Boden einer Auflaufform verteilen. Die Fischfilets nebeneinander darauflegen und mit den restlichen Pilzen bedecken.

5 Auf der mittleren Schiene etwa 30 Minuten backen. Falls die Oberfläche zu stark bräunt, mit Alufolie abdecken.

Beilage: Kartoffelpüree, Tomatensalat

Getränkeempfehlung: trockener, ausdrucksvoller Weißwein, z. B. Tocai Friulano

Für 4 Personen

Zubereitungszeit: 1 Stunde

Pro Portion: 280 kcal, 33 g Eiweiß, 16 g Fett, 1 g Kohlenhydrate

Dorade in Folie

1 küchenfertige Dorade (Brasse, ca. 1,5 kg)

Salz

Saft von 1 Zitrone

2 EL Olivenöl

1 unbehandelte Orangc

8–10 frische Lorbeerblätter

1 EL rote Pfefferkörner

1 Die Dorade waschen, trocken tupfen, innen und außen mit Salz einreiben und mit Zitronensaft beträufeln.

2 Den Backofen auf 200 °C (Umluft 170 °C, Gas Stufe 3) vorheizen. Ein ausreichend großes Stück Alufolie mit 1 EL Öl bestreichen und den Fisch darauflegen.

3 Die Orange waschen und in dünne Scheiben schneiden. 4 Lorbeerblätter und einige Orangenscheiben in die Bauchhöhle des Fisches legen, mit den restlichen den Fisch bedecken. Den Pfeffer im Mörser zerstoßen. Die Dorade damit bestreuen und mit dem restlichen Öl beträufeln.

4 Die Folie sorgfältig verschließen und das Paket auf ein Backblech legen. Auf der mittleren Schiene in 30–40 Minuten garen.

5 Den Fisch mit einem Fischheber auf eine vorgewärmte Servierplatte legen. Dann den Fisch auf der Platte servieren.

Dorade auf eine eingeölte Alufolie legen. Den Fisch salzen und mit Zitronensaft beträufeln.

Die Alufolie fest um den Fisch wickeln.

Beilage: Schmortomaten, Langkornreis mit wildem Reis gemischt

Getränkeempfehlung: kräftiger, trockener Weißwein, z. B. Rheinhessen Silvaner

tipp

Für dieses Rezept sollten Sie unbedingt frische Lorbeerblätter verwenden, getrocknete Lorbeerblätter sind zu aromaintensiv und würden den Fischgeschmack völlig überdecken.

Für 4 Personen

Zubereitungszeit: 1 Stunde

Pro Portion: 605 kcal, 49 g Eiweiß, 39 g Fett, 11 g Kohlenhydrate

Badischer Hecht

1 küchenfertiger Hecht (ca. 1,5 kg)

Meersalz

Mehl

80 g Butter

1 kleine Zwiebel, gewürfelt

Saft von 1/2 Zitrone

0,1 l (100 ml) säuerlicher Weißwein (Riesling)

250 g Sahne

1 EL gehackte **Petersilie**

Den Hecht in flüssiger Butter von beiden Seiten anbraten, danach im Backofen schmoren.

Während des Schmorens den Hecht gelegentlich mit Sauce begießen.

1 Den geschuppten und ausgenommenen Hecht waschen und mit Küchenpapier gut trocken tupfen. Innen und außen salzen und in Mehl wenden. Überflüssiges Mehl abklopfen.

2 Den Backofen auf 200°C (Umluft 170°C, Gas Stufe 3) vorheizen.

3 Die Butter in einem länglichen Schmortopf oder einer länglichen, feuerfesten Form auf dem Herd erhitzen. Den Hecht hineingeben, auf beiden Seiten kurz anbraten. Den Hecht auf die Saftpfanne legen und auf der unteren Schiene im Backofen etwa 15 Minuten garen lassen.

4 Die Zwiebel schälen und in Würfel schneiden. Die Pfanne aus dem Backofen nehmen. Die Zwiebelwürfel in das heiße Fett geben und im Backofen bei mittlerer Hitze glasig dünsten.

5 Zitronensaft über den Hecht gießen, dann den Wein und nach und nach die Sahne hinzufügen.

6 Die Sauce in der Fettpfanne vorsichtig unter Rühren vermischen und in etwa 30 Minuten mindestens um die Hälfte einkochen lassen. Dabei immer wieder den Hecht damit begießen.

7 Die Petersilie hinzufügen und noch einmal kurz durchkochen lassen. Den Hecht auf einer Platte anrichten. Die Sauce getrennt dazu reichen.

Beilage: Nudeln und Gurkensalat

Getränkeempfehlung: badischer Riesling, der auch für die Zubereitung der Sauce verwendet wurde.

Für 4 Personen

Zubereitungszeit: 1 Stunde

Pro Portion: 280 kcal, 10 g Eiweiß, 24 g Fett, 7 g Kohlenhydrate

Überbackene Muscheln

1,5 kg möglichst große Miesmuscheln

8 EL Öl (halb neutrales Öl, halb Olivenöl)

2 Knoblauchzehen

2 EL gehackte Petersilie

5 EL frisch geriebene Semmelbrösel

Salz

schwarzer Pfeffer aus der Mühle

Öl für die Form

1 Die Muscheln sorgfältig verlesen und alle geöffneten Muscheln wegwerfen. Gründlich unter fließendem Wasser bürsten, von den »Bärten« befreien und waschen. In einem Sieb abtropfen lassen.

2 Vom Öl 2 EL in einen Kochtopf geben, die tropfnassen Muscheln zufügen und so lange erhitzen, bis sich alle Muscheln geöffnet haben. Die Schalen aufbrechen, den inneren Bart entfernen und die obere Schale der Muscheln ablösen. Die Flüssigkeit aufheben.

3 Die Knoblauchzehen schälen, fein hacken und mit der Petersilie, den Semmelbröseln, dem restlichen Öl sowie Salz und Pfeffer vermischen.

4 Den Backofen auf 200°C (Umluft 170°C, Gas Stufe 3) vorheizen.

5 Eine flache, feuerfeste Form oder Platte mit Öl einpinseln und die Muscheln nebeneinander darauflegen. Mit der Semmelbröselpaste bedecken. Den Muschelkochsaft neben die angerichteten Muscheln gießen.

6 Auf der mittleren Schiene im Backofen 15 Minuten überbacken, bis die Semmelbrösel hellbraun sind.

Die Muschelschalen aufbrechen und die beiden Hälften voneinander lösen.

Knoblauchzehen, Petersilie, Semmelbrösel, Öl und Gewürze zu einer Paste verrühren.

Die Muscheln auf einer großen Platte auslegen und mit der Semmelbröselpaste bedecken.

Für 2 Personen

Zubereitungszeit: 35 Minuten

Pro Portion: 395 kcal, 36 g Eiweiß, 27 g Fett, 1 g Kohlenhydrate

Renke Fischer Art

2 Renken (à 300 g)

Zitronensaft

Salz

50 g Butter

1 Bund Petersilie, fein gehackt

1 Die ausgenommenen Renken waschen und mit Küchenpapier trocken tupfen. Mit Zitronensaft beträufeln und innen und außen salzen.

2 Den Backofen auf 200 °C (Umluft 170 °C, Gas Stufe 3) vorheizen.

3 Die Butter in einer flachen, feuerfesten Form mit Deckel erhitzen. Die Petersilie fein hacken und in der Butter kurz andünsten.

4 Die Fische in die Petersilienbutter legen, die Form zudecken und die Renken auf der mittleren Schiene im Backofen in ca. 15 Minuten gar dünsten. Hin und wieder mit der Butter begießen. Auf vorgewärmten Tellern anrichten.

Beilage: kleine neue Kartoffeln und Gurkensalat

Getränkeempfehlung: trockener weißer Landwein

tipp

Nach dem gleichen Rezept können alle frischen Seefische zubereitet werden.

Für 4 Personen

Zubereitungszeit: 40 Minuten, Marinierzeit: 1 Stunde

Pro Portion: 390 kcal, 44 g Eiweiß, 23 g Fett, 1 g Kohlenhydrate

Sardinen auf Spinat

1 kg frische Sardinen (ca. 16 Stück)

1 Tasse grobes Meersalz

1 kg kleinblättriger Spinat

1 TL Salz

5 EL Olivenöl

1 Die Sardinen vorsichtig schuppen, auf der Bauchseite aufschneiden, ausnehmen, waschen und auf Küchenpapier trocknen lassen.

2 Auf eine große Platte 1/2 Tasse Salz streuen, die Sardinen nebeneinander darauflegen und mit dem restlichen Salz bedecken. Im Kühlschrank 1 Stunde marinieren lassen.

3 Den Spinat waschen, gut abtropfen lassen und in eine Schüssel geben. Mit dem Salz gründlich vermischen.

4 Den Backofen auf 220°C (Umluft 190°C, Gas Stufe 3) vorheizen. Die Sardinen aus dem Salz nehmen und noch anhängende Salzkörner abstreifen.

5 4 Bogen starke Alufolie mit Öl bestreichen, dabei den Rand frei lassen. Je ein Viertel des Spinats als dicke Schicht auf die Folie legen und darauf nebeneinander 4 Sardinen geben. Mit dem restlichen Öl beträufeln und die Folien fest verschließen.

6 Die Folienpakete auf ein Backblech legen und die Sardinen auf der mittleren Schiene im Backofen 8 Minuten backen. Die Folienpakete öffnen und die Sardinen auf dem Spinat anrichten.

Beilage: Tomatensalat

Getränkeempfehlung: provenzalischer Rosé

Für 4 Personen

Zubereitungszeit: 45 Minuten

Pro Portion: 515 kcal, 43 g Eiweiß, 35 g Fett, 4 g Kohlenhydrate

Lachskoteletts auf Porree

4 Lachskoteletts (à 250 g)

6 mittelgroße Stangen Porree, in Scheiben geschnitten

Meersalz

schwarzer Pfeffer aus der Mühle

1/4 l (250 ml) Fischbrühe (aus dem Glas)

3 EL Crème double

3 EL trockener weißer Wermut

1 Prise Zucker

2 EL Butter

1 Die Lachskoteletts waschen und mit Küchenpapier trocken tupfen. Den Porree putzen, gründlich waschen und in fingerbreite Stücke schneiden.

2 Den Backofen auf 200°C (Umluft 170°C, Gas Stufe 3) vorheizen. Die Porreestücke in eine feuerfeste Form geben und salzen und pfeffern. Mit der Hälfte der Fischbrühe übergießen und mit dem Deckel oder Alufolie verschließen. Im Backofen auf der mittleren Schiene 10 Minuten vordünsten.

3 Die restliche Fischbrühe mit Crème double und dem Wermut sowie etwas Zucker und Pfeffer in einem kleinen Topf einkochen.

4 Die Butter in einer Pfanne erhitzen und die Lachskoteletts darin auf beiden Seiten anbraten. Auf den Porree legen, die Form wieder verschließen und noch 5 Minuten im Backofen dünsten.

5 Die Flüssigkeit vom Porree zu der Sauce in den Topf geben und einkochen lassen, bis die Sauce eine cremige Konsistenz hat. Den Fisch auf dem Gemüse anrichten und mit der Sauce übergießen.

Beilage: Kartoffelpüree

Getränkeempfehlung: Pinot grigio aus Italien

Für 4 Personen

Zubereitungszeit: 1 Stunde

Pro Portion: 470 kcal, 39 g Eiweiß, 21 g Fett, 27 g Kohlenhydrate

Kabeljau spanische Art

1 kleiner Kabeljau ohne Kopf oder **das Schwanzende von einem Kabeljau (ca. 1,2–1,5 kg)**

6 große Kartoffeln, in Streifen geschnitten

4 mittelgroße Zwiebeln, in Streifen geschnitten

½ TL getrockneter **Majoran oder Oregano**

Meersalz

schwarzer Pfeffer aus der Mühle

8 EL Olivenöl

0,1 l (100 ml) Weißwein

3 Knoblauchzehen, fein gehackt

2 EL frisch gehackte **Petersilie**

4 EL frisch geriebene **Semmelbrösel**

1 Den Kabeljau waschen und mit Küchenpapier trocken tupfen. Die Kartoffeln und Zwiebeln schälen und in sehr feine Streifen schneiden. Gewürze, Salz und Pfeffer hinzufügen und gründlich mit den Kartoffeln und den Zwiebeln vermischen.

2 Den Backofen auf 220 °C (Umluft 190 °C, Gas Stufe 4) vorheizen. Eine runde oder längliche Auflaufform mit 4 EL Olivenöl ausgießen und das Kartoffel-Zwiebel-Gemisch gründlich darin wenden. Auf der mittleren Schiene im Backofen 30 Minuten unter gelegentlichem Wenden hellgelb braten.

3 Das Gemüse flach streichen und den mit Pfeffer und Salz gewürzten Fisch darauflegen. Mit etwas Öl beträufeln. Den Wein angießen und alles 15 Minuten bei 180 °C (Umluft 150 °C, Gas Stufe 2) garen.

4 Inzwischen die geschälten Knoblauchzehen fein hacken und mit der Petersilie und den Semmelbröseln vermischen. So viel Öl unter Rühren hinzufügen, dass eine streichfähige Paste entsteht. Den Kabeljau gleichmäßig damit bestreichen und wieder in den Ofen geben. Bei 200 °C (Umluft 170 °C, Gas Stufe 3) weiterbacken, bis die Kruste braun und knusprig ist.

Aus Kräutern, Semmelbröseln und Öl eine Paste mischen und den Fisch damit bestreichen.

Getränkeempfehlung: trockener spanischer Weißwein, z. B. aus Penedés

tipp

Damit das Schwanzende des Fisches beim Braten nicht zu trocken wird, umwickelt man es nach der Hälfte der Backzeit am besten mit einem Stück Alufolie.

Für 4 Personen

Zubereitungszeit: 35 Minuten

Pro Portion: 350 kcal, 37 g Eiweiß, 23 g Fett, 0 g Kohlenhydrate

Provenzalischer Knoblauchhecht

1 küchenfertiger frischer Hecht (1,5 kg)

Salz

schwarzer Pfeffer aus der Mühle

2 Zweige Thymian

100 g Butter

32 ungeschälte junge, kleine Knoblauchzehen

1/8 l (125 ml) Weinessig

1/8 l (125 ml) Wasser

1 Den Hecht gleich beim Einkauf schuppen und ausnehmen lassen. Die Flossen abschneiden, den Fisch waschen und trocken tupfen. Innen und außen mit Salz und Pfeffer einreiben. Die Thymianzweige in das Innere des Fisches legen.

2 Den Backofen auf 200 °C (Umluft 170 °C, Gas Stufe 3) vorheizen. Eine feuerfeste, flache Auflaufform dick mit Butter einfetten. Die ungeschälten Knoblauchzehen darauf verteilen und den Hecht mit der Bauchseite nach unten in die Form geben. Die restliche Butter in Flöckchen auf den Fisch setzen. Auf der mittleren Schiene im Backofen 30 Minuten garen.

3 Den Fisch alle 5 Minuten mit dem Buttersaft aus der Form begießen. Den Essig und das Wasser vermischen. Nach 15 Minuten Backzeit ein Drittel des Essigwassers in die Form gießen und 5 Minuten später den Rest. Die Sauce soll dick und sirupartig werden. Den Hecht in der Form servieren.

Beilage: Weißbrot, mit dem mitgegarten Knoblauch bestrichen

Getränkeempfehlung: herzhafter Landwein

Für 4 Personen

Zubereitungszeit: 1 Stunde

Pro Portion: 565 kcal, 36 g Eiweiß, 42 g Fett, 5 g Kohlenhydrate

Überbackener Steinbutt mit Pinienkernen

1 küchenfertiger Steinbutt (etwa 1,5 kg)

Meersalz

1 Schalotte, gewürfelt

150 g Butter

1–2 Zweige frischer Estragon

1 Möhre, in Streifen geschnitten

1 Stange Staudensellerie, in Streifen geschnitten

1 Zwiebel, in Streifen geschnitten

0,1 l (100 ml) halbtrockener Weißwein

50 g Pinienkerne

1. Die Kiemen vom Kopf des Steinbutts herauslösen, den Fisch vorsichtig waschen und mit Küchenpapier trocken tupfen. Mit einem scharfen Messer die Oberseite dreimal schräg einschneiden und den Fisch salzen.
2. Die Schalotte schälen und in kleine Würfel schneiden. Mit 50 g Butter und den streifig geschnittenen Estragonblättern (einige Blätter beiseite legen) verkneten. In die Einschnitte füllen.
3. Den Backofen auf 200 °C (Umluft 170 °C, Gas Stufe 3) vorheizen.
4. Eine große, feuerfeste Platte mit 50 g Butter ausstreichen. Das Gemüse und die Zwiebel putzen, in Streifen schneiden und auf die Platte geben. Leicht salzen. Den Fisch darauflegen und mit dem Wein übergießen. Auf der mittleren Schiene im Backofen etwa 25 Minuten dünsten lassen, dabei hin und wieder mit dem Wein-Gemüse-Saft übergießen.
5. In der Zwischenzeit in einer Pfanne die Pinienkerne unter ständigem Rühren leicht anrösten.
6. Den Fisch mit zwei Fischhebern auf eine Platte geben und mit den Pinienkernen bestreuen.
7. Den ausgetretenen Fischsaft in eine Kasserolle schütten, die beiseite gelegten Estragonblätter hinzufügen und aufkochen lassen. Vom Herd nehmen und durch ein Sieb streichen. Die restliche Butter in Flöckchen unter die Sauce rühren. Die Sauce über den Fisch geben oder getrennt in einer Saucière reichen.

Beilage: kleine Dampfkartoffeln und gegrillte Tomaten

Getränkeempfehlung: Muscadet

Den Steinbutt zusammen mit Möhren- und Selleriestreifen auf eine Platte legen.

Für 2 Personen

Zubereitungszeit: 50 Minuten

Pro Portion: 640 kcal, 43 g Eiweiß, 36 g Fett, 13 g Kohlenhydrate

Zander mit Spargel und Rieslingsauce

1 küchenfertiger mittelgroßer Zander (ca. 700 g)

2 EL Zitronensaft

Salz

schwarzer Pfeffer aus der Mühle

1 EL gehackter **Kerbel**

2 EL Butterschmalz

4 Schalotten, gehackt

1 grob gehackte **Möhre**

1 Porreestange, in Ringe geschnitten

0,3 l (300 ml) Riesling

8 gekochte Spargelstangen

80 g eiskalte Butter

2–3 EL Sahne (nach Belieben)

1 Den Fisch von beiden Seiten mehrmals leicht schräg einschneiden, damit die Kräuter und der Wein besser das Fischfleisch würzen. Den Zander außen und innen mit dem Zitronensaft beträufeln und mit Salz, Pfeffer und Kerbel würzen.

2 Das Butterschmalz in einer länglichen Auflaufform erhitzen, Schalotten, Möhren und Porree hinzufügen, kurz dünsten und mit der Hälfte des Rieslings ablöschen. Den Zander auf das Gemüsebett legen und im Backofen bei 225 °C (Umluft 200 °C, Gas Stufe 4) 15–20 Minuten garen. Ab und zu mit dem Sud begießen. Den Fisch vorsichtig aus der Form nehmen, auf Alufolie legen und warm stellen.

3 Den Fond durch ein Sieb passieren. Von den Spargeln die Köpfe abschneiden und beiseite legen. Den übrigen Spargel mit dem Fischfond pürieren. Nun den restlichen Riesling dazugeben und die gesamte Flüssigkeit auf die Hälfte einkochen lassen.

4 Die eiskalte Butter in Flocken schneiden und mit einem Schneebesen unter die Sauce ziehen. Die Sauce ist gebunden, sobald sie den Schneebesen umhüllt. Wer möchte, kann zum Schluss noch Sahne zur Sauce geben.

5 Den Fisch häuten, zerlegen und mit den Spargelspitzen garnieren. Die Sauce separat zum Fisch servieren.

Durch die Einschnitte können Zitronensaft, Wein und Gewürze besser in den Fisch eindringen.

Vom gegarten Fisch die Haut auf beiden Seiten vorsichtig abziehen.

Entlang der Mittelgräte die beiden Filetteile trennen und nacheinander von der Gräte lösen.

Für 4 Personen

Zubereitungszeit: 40 Minuten

Pro Portion: 360 kcal, 37 g Eiweiß, 23 g Fett, 2 g Kohlenhydrate

Schellfischkoteletts mit Steinpilzen in Folie

4 Schellfischkoteletts (à 250 g)

1 mittelgroßer Steinpilz (150 g), gewürfelt

1 Knoblauchzehe, gewürfelt

60 g Schinkenspeck, gewürfelt

1 EL frisch gehackte **Petersilie**

1 Zweig Rosmarin

Salz

schwarzer Pfeffer aus der Mühle

60 g Butter

1 Die Fischkoteletts waschen und mit Küchenpapier trocken tupfen. Den Steinpilz säubern, die Knoblauchzehe schälen.

2 Steinpilz, Knoblauchzehe und Schinkenspeck in Würfel schneiden. Mit Petersilie und Rosmarinnadeln vermischen. Mit Salz und Pfeffer abschmecken.

3 Den Backofen auf 220 °C (Umluft 190 °C, Gas Stufe 4) vorheizen. 4 Bogen Alufolie in doppelter Größe der Fischkoteletts zurechtschneiden und dick mit Butter bepinseln. Je 1 Fischkotelett auf 1 Folie legen und mit der Steinpilzfüllung bedecken. Mit Butterflöckchen besetzen. Die Ränder der Folie fest zusammendrücken, dabei zwischen Fisch und Folie etwas Raum lassen, damit die Folie sich aufblähen kann.

4 Die Fischkoteletts auf der mittleren Schiene im Backofen etwa 20 Minuten garen, bis sich die Alufolie stark aufgebläht hat. Auf vorgewärmte Teller geben und die Folienpakete erst bei Tisch öffnen.

Beilage: Bandnudeln

tipp

Anstelle von Schellfisch kann man auch Rotbarsch verwenden.

Für 4 Personen

Zubereitungszeit: 30 Minuten

Pro Portion: 270 kcal, 34 g Eiweiß, 7 g Fett, 18 g Kohlenhydrate

Gratiniertes Fischfilet

3 Brötchen, in Scheiben geschnitten

1/8 l (125 ml) Milch

2 Eier

1 Bund glatte Petersilie, fein gehackt

3 Knoblauchzehen

Salz

schwarzer Pfeffer aus der Mühle

4 Scheiben Kabeljaufilet (à 160 g)

Zitronensaft

1 EL Olivenöl

3 EL Kapern

1. Die Brötchen in feine Scheiben schneiden.
2. Die Milch mit den Eiern verquirlen. Die Petersilie fein hacken und dazugeben. Den Knoblauch schälen und dazupressen. Mit Salz und Pfeffer kräftig würzen.
3. Den Backofen auf 220 °C (Umluft 190 °C, Gas Stufe 4) vorheizen. Den Fisch waschen, trocken tupfen, rundum mit Zitronensaft beträufeln, salzen und pfeffern.
4. Eine Auflaufform mit dem Olivenöl einpinseln und den Fisch hineinlegen. Mit den Kapern bestreuen.
5. Die Brötchenscheiben dachziegelartig darauflegen und mit der Milch-Eier-Mischung übergießen.
6. Den Fisch auf der mittleren Schiene des Backofens 15–20 Minuten goldgelb überbacken.

Beilage: Tomatensalat

Getränkeempfehlung: leichter Rotwein, z. B. Beaujolais Villages

Die fein gehackte Petersilie zu den mit Milch verquirlten Eiern geben.

Die Brötchenscheiben dachziegelartig auf den Fisch in der Auflaufform legen.

Für 4 Personen

Zubereitungszeit: 1 Stunde

Pro Portion: 245 kcal, 11 g Eiweiß, 15 g Fett, 3 g Kohlenhydrate

Muschelgratin

2 kg Miesmuscheln

1/4 l (250 ml) Weißwein

2 gehackte **Schalotten**

1/2 Lorbeerblatt

1 Knoblauchzehe

1/2 TL Pfefferkörner

Sauce

2 Eigelb

125 g Sahne

Salz

1 EL trockener Wermut
(Noilly Prat oder Martini dry)

1 Prise Safran

1 TL Dillspitzen

weißer Pfeffer aus der Mühle

Butter für die Form

1 Die Muscheln unter fließendem Wasser gut abbürsten und den »Bart« herauszupfen. Bereits geöffnete Muscheln wegwerfen. Mit Weißwein, Schalotten, Lorbeerblatt, der ganzen, geschälten Knoblauchzehe und Pfefferkörnern in eine Pfanne geben. Aufkochen lassen, bis sich die Muscheln öffnen. Muscheln, die sich nicht geöffnet haben, wegwerfen. Die Muscheln etwas abkühlen lassen.

2 Eigelbe, Sahne und wenig Salz in ein Pfännchen geben. In ein Wasserbad stellen, erhitzen und so lange mit dem Schneebesen schlagen, bis eine sämige Sauce von der Konsistenz einer Sauce hollandaise entsteht.

3 Die Sauce in eine kalte Schüssel gießen und bis zum Gebrauch im Kühlschrank aufbewahren.

4 Eine flache Auflaufform oder kleine Portionsförmchen mit Butter ausstreichen. Die Muscheln aus der Schale nehmen und hineinlegen.

5 Den Sud der Muscheln durch ein Sieb passieren, in ein kleines Pfännchen geben und auf die Hälfte einkochen lassen. Den Backofen auf 220°C (Umluft 190°C, Gas Stufe 4) vorheizen.

6 2 EL vom Muschelsud mit Wermut, Safran und der vorbereiteten Sauce mischen. Diese bei sehr schwacher Hitze im Wasserbad erwärmen. Mit Dill, weißem Pfeffer und wenig Salz nachwürzen.

7 Die Sauce über die Muscheln verteilen und im Backofen auf der mittleren Schiene ca. 5 Minuten überbacken. Die Sauce darf nicht braun werden, sondern soll nur kleine, hellbraune Flecken bekommen. Dann in der Form servieren.

tipp

Muscheln, die sich nicht geöffnet haben, darf man nicht essen.

Für 4 Personen

Zubereitungszeit: 40 Minuten

Pro Portion: 330 kcal, 36 g Eiweiß, 16 g Fett, 2 g Kohlenhydrate

Seezungengratin

1 große Zwiebel, fein gehackt
2 EL frisch gehackter **Estragon**
800 g Seezungenfilet
Salz
Pfeffer aus der Mühle
1/8 l (125 ml) Weißwein
3 EL Butter
1 EL trockener **Wermut**
1 Eigelb
6 EL Sahne
Butter für die Form

1. Eine feuerfeste Form mit wenig Butter ausstreichen. Einen Teil der fein gehackten Zwiebel und des gehackten Estragons hineinstreuen. Den Backofen auf 180°C (Umluft 150°C, Gas Stufe 2) vorheizen.
2. Die Fischfilets mit Salz und Pfeffer würzen, in der Mitte zusammenklappen und in die Form legen. Die restlichen Zwiebeln und Estragon darüberstreuen. Den Wein dazugießen und einige Butterflocken darauf verteilen.
3. Ca. 20 Minuten mit Alufolie zugedeckt im Backofen auf der mittleren Schiene garen.
4. Die entstandene Flüssigkeit in ein Pfännchen umgießen. Den Wermut zufügen und die ganze Flüssigkeit etwa auf zwei Drittel einkochen.
5. Das Eigelb mit der Sahne verquirlen und dazugeben. Erhitzen, aber nicht kochen lassen und nachwürzen.
6. Die Sauce über den Fisch gießen und kurz bei 220°C (Umluft 190°C, Gas Stufe 4) im Backofen überbacken.

Beilage: Salzkartoffeln

Getränkeempfehlung: trockener Weißwein

tipp

Beim Zusammenklappen der Seezungenfilets die glänzende Hautseite nach innen legen, damit sich die Filets beim Garen nicht zusammenziehen. Beim Zubereiten der Sauce darauf achten, dass das Eigelb nicht zu heiß wird, sonst gerinnt es. Den Fisch zum Schluss nur kurz hellbraun überbacken.

Für 4 Personen

Zubereitungszeit: 50 Minuten

Pro Portion: 535 kcal, 37 g Eiweiß, 41 g Fett, 3 g Kohlenhydrate

Limanden in Folie

- 4 Limanden (Rotzungen à 400 g)
- Meersalz
- Zitronensaft
- 1/2 l (500 ml) Wasser
- Salz
- Pfefferkörner
- 1 mit 2 Nelken bespickte Zwiebel
- 1 Möhre
- 1 EL Butter
- 4 dünne Scheiben durchwachsener Speck
- 4 Scheiben von 1 unbehandelten Zitrone
- 2 Schalotten
- 6 EL Weißwein
- 2 EL Sahne
- 125 g Butter
- 2 Bund Schnittlauch

Limanden jeweils auf 1 Stück gefettete Alufolie legen, Speck und Zitronenscheibe darauflegen.

1. Die Limanden gleich beim Einkauf bratfertig zubereiten lassen, Köpfe und Gräten mitnehmen. Die Limanden waschen und mit Küchenpapier trocken tupfen. Innen und außen salzen und mit Zitronensaft beträufeln.
2. Die Fischköpfe und die Gräten mit dem Wasser, Salz, Gewürzen und der klein geschnittenen Möhre 20 Minuten kochen lassen und durch ein Sieb geben. Den Sud auf 1/8 l Flüssigkeit einkochen.
3. Den Backofen auf 230 °C (Umluft 200 °C, Gas Stufe 4) vorheizen. 4 Stücke Alufolie in doppelter Größe der Limanden zurechtschneiden und mit der Butter einfetten. Die Fische in die Mitte der Folie legen und mit je 1 Speckscheibe und 1 Zitronenscheibe (evtl. vorher schälen) belegen. Die Folie fest über dem Fisch zusammendrücken.
4. Die Foliensäckchen auf die mittlere Schiene in den Backofen geben und die Fische ca. 10–15 Minuten garen.
5. Inzwischen die Schalotten schälen, in kleine Würfel schneiden und mit dem Weißwein einkochen, bis nur noch 1 EL Flüssigkeit verbleibt.
6. Die Fischbrühe mit der Sahne etwas einkochen. Die Butter mit dem Schalottenwein und dem Schnittlauch im Mixer zu einer Paste verarbeiten.
7. Die Schnittlauchbutter stückchenweise unter ständigem Rühren mit dem Schneebesen bei ganz leichter Hitze in die Fischbrühe geben, sodass eine cremige Sauce entsteht.
8. Die Limanden aus der Folie auf eine Platte gleiten lassen und mit der Sauce umgießen. Dann die Fische mit den Speckstreifen und den Zitronenscheiben garnieren.

Beilage: Gemüse und Kartoffelpüree

Getränkeempfehlung: Soave

Hauptsache Gemüse - mit und ohne Fleisch

Für 4 Personen

Zubereitungszeit: 1 Stunde

Pro Portion: 210 kcal, 7 g Eiweiß, 16 g Fett, 10 g Kohlenhydrate

Möhren-Porree-Gratin

500 g große Möhren,
in dünne Scheiben geschnitten

2 dicke Stangen Porree (400 g, geputzt gewogen)

100 g saure Sahne

100 g süße Sahne

40 g frisch geriebener **Käse** (z. B. Emmentaler oder mittelalter Gouda)

Salz

weißer Pfeffer aus der Mühle

frisch geriebene **Muskatnuss**

Butter oder **Margarine** für die Form

1 Den Backofen auf 200°C (Umluft 170°C, Gas Stufe 3) vorheizen. Die Möhren schälen und, am besten mit einem Gurkenhobel, in dünne Scheiben schneiden. Von den Porreestangen die Wurzeln und das grüne Ende entfernen. Die Stangen in dünne Scheiben schneiden, in kaltem Wasser gründlich waschen und in einem Sieb abtropfen lassen.

2 Eine runde Gratinform einfetten und am äußeren Rand schuppenförmig mit Möhrenscheiben auskleiden. Dann folgt ein Ring mit Porree, dann wieder Möhren; so lange fortfahren, bis alle Zutaten verbraucht sind.

3 Die beiden Sahnesorten vermischen, den Käse dazugeben und gründlich verquirlen. Mit Salz, Pfeffer und Muskat herzhaft würzen. Die Sahnemischung gleichmäßig über das Gemüse verteilen.

4 Das Gratin auf der mittleren Schiene des Backofens in etwa 45 Minuten gar backen.

Beilage: kurz gebratenes Fleisch oder Kartoffeln

tipp

Anstelle der Möhren harmonieren auch Kartoffelscheiben ausgezeichnet mit dem Porree. Für ein Gratin eignen sich Käsesorten wie Emmentaler oder mittelalter Gouda besonders gut.

Für 4 Personen

Zubereitungszeit: 1 Stunde 10 Minuten

Pro Portion: 365 kcal, 50 g Eiweiß, 13 g Fett, 12 g Kohlenhydrate

Rosenkohlauflauf mit Haselnüssen

1 kg Rosenkohl

Salz

500 g gehacktes Kalbfleisch

200 g Magerquark

1 EL gehackte **Petersilie**

Salz

weißer Pfeffer aus der Mühle

abgeriebene Schale von ½ unbehandelten Zitrone

frisch geriebene **Muskatnuss**

200 g saure Sahne

2 Eier

20 g gehackte **Haselnüsse**

Fett für die Form

1 Den Rosenkohl putzen und in Salzwasser etwa 8–10 Minuten vorkochen. In einem Sieb abtropfen lassen.

2 Das Kalbshack mit Quark und Petersilie verrühren und mit Salz, Pfeffer, Zitronenschale und Muskat würzig abschmecken.

3 Den Backofen auf 200 °C (Umluft 170 °C, Gas Stufe 3) vorheizen. Saure Sahne und Eier gründlich verquirlen und mit Salz, Pfeffer und Muskat würzen.

4 Eine runde Auflaufform ausfetten und den Fleischteig gleichmäßig auf dem Boden verteilen. Die Rosenkohlröschen kreisförmig in den Fleischteig drücken. Mit der Sahnemischung begießen und mit den Haselnüssen bestreuen.

5 Den Auflauf auf der mittleren Schiene des Backofens in 30–35 Minuten gar backen.

Beilage: Röstkartoffeln

Für 4 Personen

Zubereitungszeit: 50 Minuten

Pro Portion: 280 kcal, 29 g Eiweiß, 13 g Fett, 12 g Kohlenhydrate

Kohlrabiauflauf mit Quark

4 mittelgroße junge Kohlrabi (à 200 g)

Salz

500 g Magerquark

50 g frisch geriebener **Parmesan**

1 EL frisch gehackte **Petersilie**

2 Eigelb

Salz

weißer Pfeffer aus der Mühle

frisch geriebene **Muskatnuss**

2 Eiweiß

20 g Butter oder **Margarine**

2 EL Sonnenblumenkerne

1 Die Kohlrabi schälen, in hauchdünne Scheiben schneiden und in Salzwasser 2 Minuten blanchieren. Mit einem Schaumlöffel herausheben und abtropfen lassen.

2 Den Backofen auf 200 °C (Umluft 170 °C, Gas Stufe 3) vorheizen. Quark mit 40 g Parmesan, Petersilie und Eigelben verrühren. Mit Salz, Pfeffer und Muskat würzen. Die Eiweiße steif schlagen und locker unter die Masse mischen.

3 Eine längliche Auflaufform mit der Hälfte des Fettes ausstreichen und den Boden mit den Kohlrabischeiben schuppenförmig auskleiden.

4 Darauf eine Schicht Quarkcreme verteilen und diese mit Kohlrabischeiben bedecken. So fortfahren, bis alle Zutaten verbraucht sind, mit einer Quarkschicht abschließen.

5 Die Oberfläche mit dem restlichen Parmesan und den Sonnenblumenkernen bestreuen und mit dem übrigen Fett in kleinen Flöckchen belegen.

6 Den Auflauf in 20 – 25 Minuten auf der mittleren Schiene des Backofens goldbraun backen.

Getränkeempfehlung: eine feine Schorle aus dem Saft von 1 Limette und 25 ml Himbeersirup mit Eis in ein hohes Glas geben, mit Mineralwasser auffüllen und mit Himbeeren und Limettenscheibe garnieren

Für 4 Personen

Zubereitungszeit: 3 Stunden 30 Minuten

Pro Portion: 850 kcal, 59 g Eiweiß, 47 g Fett, 47 g Kohlenhydrate

Siebenbürger geschichtetes Kraut

1 kg Sauerkraut

1 Speckschwarte

1 Prise Zucker

200 g Reis

knapp 1/2 l (500 ml) Fleischbrühe (aus Extrakt)

750 g Schweinefleisch

1 Zwiebel

50 g Schweineschmalz

1 EL Paprika, edelsüß

Salz

3 Paar Debrecziner Würstchen

250 g geräucherter Speck

3 hart gekochte **Eier**

250–500 g saure Sahne

Schmalz für die Form

1 Eine tiefe, feuerfeste Form mit Schmalz ausstreichen.

2 Das Sauerkraut mit der Speckschwarte und einer Prise Zucker gar kochen. Den Reis waschen, abtropfen und 8 Minuten in der Fleischbrühe kochen. Er soll nicht ganz weich sein.

3 Das Fleisch in Würfel schneiden, die Zwiebel schälen und klein schneiden. Das Schmalz erhitzen und die Zwiebeln darin hellgelb rösten. Paprika darüberstreuen und mit 1 EL Wasser übergießen. Das Fleisch hinzufügen, salzen und zugedeckt in 1 1/2 Stunden weich schmoren lassen. Dabei hin und wieder etwas Wasser nachgießen.

4 Die Würstchen in Scheiben und den Speck in Würfel schneiden. Zusammen in einer Pfanne durchrösten. Die hart gekochten Eier in Scheiben schneiden.

5 Zuerst eine Schicht gut abgetropftes Sauerkraut in den Topf oder die Form geben, mit einer Wurst-Speck-Schicht bedecken und darüber wieder Sauerkraut geben. Ein wenig saure Sahne darübergießen. Dann folgen eine Schicht Reis, eine Lage Fleisch, Sauerkraut, Sahne, Eischeiben, Speck, etwas Salz, Sauerkraut, Sahne usw., bis alle Zutaten verbraucht sind. Die einzelnen Schichten sollen nicht sehr dick sein. Den Abschluss bildet eine Schicht Sauerkraut, die mit Sahne übergossen wird.

6 Das geschichtete Kraut in den kalten Backofen auf die mittlere Schiene schieben und bei 190 °C (Umluft 160 °C, Gas Stufe 2) 1 1/2–2 Stunden überbacken.

Getränkeempfehlung: frisches Pils

Für 4 Personen

Zubereitungszeit: 1 Stunde, Aufgehzeit: 2 Stunden

Pro Portion: 510 kcal, 11 g Eiweiß, 32 g Fett, 37 g Kohlenhydrate

Pilzstrudel

Teig

200 g Weizenmehl

Salz

10 g Hefe

6 EL lauwarmes Wasser

50 g Butter

Mehl zum Ausrollen

Butter zum Einfetten des Blechs

Füllung

750 g Steinpilze, Austernpilze oder **Champignons**

1 Knoblauchzehe

5 EL Olivenöl

8 EL Crème fraîche

Salz

schwarzer Pfeffer aus der Mühle

2 Stängel Petersilie

5 cl Grappa

Die Pilze auf dem Hefeteig verteilen. Den Strudel mithilfe des Tuches aufrollen.

1. Für den Teig das Mehl in einer Schüssel mit Salz vermischen und in die Mitte eine Vertiefung drücken. Die Hefe hineinbröckeln und mit der Hälfte des Wassers verrühren. Zugedeckt an einem warmen Ort 20 Minuten gehen lassen.
2. Die Butter in dem restlichen Wasser schmelzen lassen und in den Teig geben. Alles verkneten und schlagen, bis sich der Teig vom Schüsselboden löst. Zugedeckt $1^1/_2$ Stunden gehen lassen.
3. Für die Füllung die Pilze unter fließendem Wasser gründlich waschen, die Stielenden abschneiden und die Pilze in Scheiben schneiden. Auf Küchenpapier abtrocknen. Die geschälte Knoblauchzehe fein hacken.
4. Das Olivenöl in einer Pfanne erhitzen und die Knoblauchwürfel darin andünsten. Die Pilze hinzufügen und 3 Minuten schmoren lassen. Crème fraîche zugeben und in wenigen Minuten einkochen lassen, dann salzen und pfeffern. Die Petersilie waschen, hacken und zu den Pilzen geben.
5. Den Backofen auf 200°C (Umluft 170°C, Gas Stufe 3) vorheizen.
6. Den Hefeteig auf einem bemehlten Tuch zu einem Rechteck ausrollen. Gleichmäßig die Pilze darauf verteilen, 4 EL der Pilzfüllung zurückbehalten. Den Strudelteig mithilfe des Tuchs an den Seiten einschlagen, aufrollen und auf ein gefettetes Backblech gleiten lassen. Im Backofen auf der mittleren Schiene in 30 Minuten goldbraun backen.
7. Die restlichen Pilze mit Grappa in der Küchenmaschine grob hacken, in einen Topf geben und erhitzen. Den Strudel in Scheiben schneiden und mit der Pilzsauce übergießen.

Beilage: Löwenzahn- oder Rucolasalat

Für 4 Personen

Zubereitungszeit: 1 Stunde

Pro Portion: 590 kcal, 37 g Eiweiß, 44 g Fett, 11 g Kohlenhydrate

Auflauf von Chinakohl und gerösteten Pistazien

750 g Chinakohl

3 EL Öl

Salz

weißer Pfeffer aus der Mühle

500 g Magerquark

125 g Sahne

3 Eier, getrennt

frisch geriebene **Muskatnuss**

100 g geröstete Pistazienkerne, gehackt

100–150 g geriebener Käse, z. B. Emmentaler

Fett für die Form

1 Den Chinakohl halbieren, den Strunk entfernen, das Gemüse waschen und die Hälften in feine Streifen schneiden. Das Öl in einer Pfanne erhitzen, die Gemüsestreifen kurz darin anschwitzen und mit Salz und Pfeffer würzen.

2 Den Backofen auf 200 °C (Umluft 170 °C, Gas Stufe 3) vorheizen.

3 Quark, Sahne und Eigelbe gründlich miteinander verrühren und mit Salz, Pfeffer und Muskat würzen. Die Eiweiße mit einer Prise Salz zu steifem Schnee schlagen und locker unter die Quarkmasse heben.

4 Eine große Auflaufform oder eine hohe Souffléform gut ausfetten und die Hälfte der Quarkmasse einfüllen. Mit dem Chinakohl bedecken und mit den Pistazien bestreuen. Die zweite Quarkhälfte darauf verteilen und den Emmentaler darüberstreuen.

5 Auf der mittleren Schiene im Backofen in 25–30 Minuten goldbraun backen und sofort servieren, damit das Soufflé nicht zusammenfällt.

Getränkeempfehlung: leicht aromatischer Weißwein, z. B. Müller-Thurgau aus Franken

Für 4 Personen

Zubereitungszeit: 1 Stunde 30 Minuten

Pro Portion: 630 kcal, 18 g Eiweiß, 40 g Fett, 48 g Kohlenhydrate

Artischockenpastete

300 g TK-Blätterteig (1 Paket)

8 kleine lila Artischocken

1 mittelgroße Zwiebel

1 Möhre

2 Knoblauchzehen

250 g Champignons

5 EL Olivenöl

3 reife Tomaten

1 Zweig Thymian

2 EL Weißwein

Salz

schwarzer Pfeffer aus der Mühle

3 hart gekochte **Eier**

außerdem

Mehl zum Ausrollen

verquirltes Eigelb oder Milch zum Bestreichen

2 Eigelb

1 EL Zitronensaft

4 EL Weißwein

1 Den Blätterteig auftauen lassen. Die Artischocken gründlich waschen. Die unschönen äußeren Blätter und die kleinen harten Blätter am Stielende abschneiden. Den Stiel kürzen. Die Artischocken vierteln und sofort in kaltes Wasser legen.

2 Zwiebel und Möhre in Streifen schneiden, Knoblauch und Champignons in Scheiben schneiden. Das Olivenöl in einem Topf erhitzen. Zwiebel- und Möhrenstreifen darin anbraten, Knoblauch und die Artischocken hinzufügen. Unter Umrühren anbraten, dann die Champignons zu dem Gemüse geben. Alles weitere 5 Minuten schmoren lassen.

3 Die Tomaten häuten und in Achtel schneiden. Zu dem Gemüse geben und den Thymian hinzufügen. Den Wein angießen und das Gemüse zugedeckt weitere 10 Minuten schmoren lassen. Mit Salz und Pfeffer abschmecken.

4 Den Backofen auf 200 °C (Umluft 170 °C, Gas Stufe 3) vorheizen. Den Blätterteig auf einer bemehlten Fläche ausrollen. Einen 60 cm langen Streifen in der Höhe der Auflaufform schneiden und den Rand der mit kaltem Wasser ausgespülten Form damit auslegen. Von dem restlichen Teig einen Teigdeckel in der Größe der Auflaufform ausschneiden sowie 1 Finger breiten Streifen. In den Teigdeckel links und rechts ein centgroßes Loch schneiden.

5 Die Hälfte des Artischockengemüses in die Form füllen und mit den Eierscheiben bedecken. Das restliche Artischockengemüse darüberfüllen und den Teigdeckel auf die Form legen. Den Rand des Teiges mit dem ausgeschnittenen Streifen belegen, sodass die Pastete ganz verschlossen ist. Den Teig mit verquirltem Eigelb oder Milch bestreichen.

6 Die Pastete im Backofen auf der mittleren Schiene 40 Minuten backen, etwas abkühlen lassen. Eigelbe und Zitronensaft verrühren. Den Weißwein erwärmen und unter Rühren zufügen. Die Masse durch die Löcher im Teigdeckel in die Pastete gießen. Die Pastete erst bei Tisch anschneiden.

Für 4 Personen

Zubereitungszeit: 35 Minuten

Pro Portion: 575 kcal, 34 g Eiweiß, 44 g Fett, 11 g Kohlenhydrate

Porreeauflauf mit Lyoner

750 g Porree, in Ringe geschnitten

Salz

400 g Lyoner oder **Fleischwurst,** in Scheiben geschnitten

3/8 l (375 ml) Milch

4 Eier

schwarzer Pfeffer aus der Mühle

80 g Parmesan, frisch gerieben

Butter für die Form

1 Den Porree putzen, längs aufschlitzen und gründlich ausspülen. Die Stangen in schmale Ringe schneiden und in kochendem Salzwasser 1 Minute blanchieren. In ein Sieb geben, kalt abschrecken und abtropfen lassen.

2 Die Lyoner pellen und in dünne Scheiben schneiden.

3 Den Backofen auf 220°C (Umluft 190°C, Gas Stufe 4) vorheizen. Eine Auflaufform einfetten und den Porree abwechselnd mit der Lyoner einschichten, die letzte Schicht sollte aus Porree bestehen.

4 Die Milch mit den Eiern verrühren, mit Salz und Pfeffer würzen, den Parmesan zufügen und über den Auflauf gießen.

5 Auf der mittleren Schiene des Backofens 20 Minuten überbacken.

Beilage: frisches, kräftiges Bauernbrot

Getränkeempfehlung: Cidre oder hessischer Apfelwein

tipp

Anstelle der Lyoner können Sie auch gekochten Schinken oder Räucherfisch, z. B. Schillerlocken, verwenden.

Für 4 Personen

Zubereitungszeit: 1 Stunde

Pro Portion: 540 kcal, 17 g Eiweiß, 35 g Fett, 40 g Kohlenhydrate

Blumenkohlauflauf mit Grünkern

1 kleiner Blumenkohl
Salz
4 Tomaten
1 Bund Basilikum, gehackt
1 Gemüsezwiebel, gewürfelt
2 Knoblauchzehen, geschält
200 g gekochter Grünkern
125 g Mascarpone
250 g Sahne
2 Eier
weißer Pfeffer aus der Mühle
frisch geriebene **Muskatnuss**
Fett für die Form

1 Den Blumenkohl putzen. Den Kopf in kleine Röschen teilen, die Stiele und den Strunk in kleine Würfel schneiden. In kochendem Salzwasser 2–3 Minuten blanchieren, dann in einem Sieb abtropfen lassen.

2 Den Backofen auf 200 °C (Umluft 170 °C, Gas Stufe 3) vorheizen. Die Tomaten blanchieren, häuten, halbieren, entkernen und in Würfel schneiden. Das Basilikum hacken, Zwiebel und Knoblauch schälen, die Zwiebel in kleine Würfel schneiden, Knoblauchzehen mit einem breiten Messer zerdrücken.

3 Den Blumenkohl mit den vorbereiteten Zutaten vermischen, die Grünkernkörner untermischen und alles in eine gefettete Auflaufform füllen.

4 Mascarpone, Sahne und Eier miteinander verrühren und mit Salz, Pfeffer und Muskat würzen. Die Masse über die Auflaufzutaten verteilen und auf der mittleren Schiene des Backofens in etwa 30 Minuten gar backen.

Getränkeempfehlung: trockener Rosé, z. B. Schillerwein aus Württemberg

Für 4 Personen

Zubereitungszeit: 40 Minuten

Pro Portion: 335 kcal, 8 g Eiweiß, 26 g Fett, 16 g Kohlenhydrate

Spinatgratin mit Möhren

700 g Spinat

2 EL Butter

4 Knoblauchzehen, geschält

Salz

Pfeffer aus der Mühle

6 Möhren, in Scheiben geschnitten

4 Schalotten, gehackt

1/2 TL Zucker

1/4 l (250 ml) Fleischbrühe (aus Extrakt)

200 g Sahne

3 EL frisch geriebenes **Weißbrot**

20 g Butterflocken

Butter für die Form

1 Den Spinat waschen, putzen und grob hacken. In 1 EL Butter dünsten. Die Knoblauchzehen dazupressen. Wenn der Spinat zusammengefallen ist, mit Salz und Pfeffer würzen.

2 Möhren schälen und in 3 mm dicke Scheiben schneiden. Mit den gehackten Schalotten in 1 EL Butter 2–3 Minuten dünsten. Mit wenig Salz, Pfeffer und Zucker abschmecken und die Fleischbrühe dazugießen.

3 Nochmals einige Minuten kochen. Das Gemüse soll nur knapp gar sein. Den Backofen auf 250 °C (Umluft 220 °C, Gas Stufe 5) vorheizen.

4 Eine ofenfeste Form mit wenig Butter ausstreichen und den Spinat hineinlegen. Die Möhrenscheiben abwechselnd dachziegelartig um den Spinat herumlegen.

5 Die Sahne und das geriebene Brot darüber verteilen und die Oberfläche mit Butterflocken belegen. Im Backofen auf der mittleren Schiene in ca. 10 Minuten gratinieren. Dann in der Form servieren.

Beilage: Bratkartoffeln

Getränkeempfehlung: Spätburgunder

Für 4 Personen

Zubereitungszeit: 45 Minuten

Pro Portion: 240 kcal, 17 g Eiweiß, 17 g Fett, 4 g Kohlenhydrate

Champignongratin mit Schinken

800 g frische Champignons

100 g Schalotten, fein gehackt

100 g Schinken, fein gewürfelt

2 EL Butter

Salz

Pfeffer aus der Mühle

200 g Sahnequark

2 Eigelb

Muskatnuss

2 EL fein geschnittener **Schnittlauch**

Fett für die Form

1. Die Champignons putzen und in Scheiben schneiden. Die Schalotten schälen und klein hacken. Den Schinken grob würfeln.
2. Die Butter in einer Pfanne zerlassen. Die gehackten Schalotten in der Butter glasig dünsten. Die Champignons und den Schinken zugeben und nur kurz andünsten. Dann mit Salz und Pfeffer würzen.
3. Den entstandenen Saft in ein Pfännchen gießen. Den Saft auf 3 EL einkochen lassen.
4. Den Quark und die verquirlten Eigelbe mischen. Mit der eingekochten Pilzflüssigkeit und der übrigen Flüssigkeit aus der Pilzpfanne verrühren, und mit Salz, Pfeffer und Muskatnuss pikant abschmecken. Den Backofen auf 250°C (Umluft 220°C, Gas Stufe 5) vorheizen.
5. Die Pilze in eine gebutterte Auflaufform geben. Die Quarkmischung darüber verteilen und im Backofen auf der mittleren Schiene 5–7 Minuten überbacken. Mit Schnittlauch bestreuen und in der Form auf den Tisch bringen.

Beilage: grüner Salat

Getränkeempfehlung: leichter, weißer oder rosé Landwein

Für 4 Personen

Zubereitungszeit: 1 Stunde

Pro Portion: 810 kcal, 25 g Eiweiß, 48 g Fett, 69 g Kohlenhydrate

Gemüsegratin

250 g Parboiled Reis

Salz

4 EL Pinienkerne oder **Cashewnüsse**

2 EL Butter

500 g Brokkoli

2 EL Öl

20 Perlzwiebeln

250 g Möhren

250 g Champignons

weißer Pfeffer aus der Mühle

2 EL gemischte, gehackte Kräuter (Dill, Petersilie, Kerbel, Schnittlauch)

Mornaysauce

60 g Butter

40 g Mehl

1/4 l (250 ml) Milch

1/4 l (250 ml) Gemüsekochwasser

Salz

weißer Pfeffer aus der Mühle

frisch geriebene **Muskatnuss**

5 EL Sahne

100 g Hartkäse (z. B. Gruyère), frisch gerieben

3 Eigelb

Butter für die Form und für Flöckchen

1 Eine große Auflaufform dick mit Butter ausstreichen.

2 Den Reis in reichlich Salzwasser nach Packungsanweisung gar kochen. In einem Sieb gut abtropfen lassen. Die Pinienkerne oder Cashewnüsse in einer Pfanne in 1 EL Butter unter Schütteln hellgelb rösten. Unter den Reis mischen. Auf dem Boden der Auflaufform verteilen.

3 Den gewaschenen Brokkoli in Röschen zerteilen und 8 Minuten in Salzwasser nicht zu weich blanchieren. In ein Sieb schütten und abtropfen lassen.

4 Die restliche Butter und das Öl in einer hochwandigen Pfanne erhitzen und die geschälten Zwiebelchen darin unter Schütteln hellgelb braten. Die Möhren putzen, in Scheiben schneiden und zu den Zwiebeln geben. 10 weitere Minuten dünsten lassen. Zum Schluss die gesäuberten und in Scheiben geschnittenen Pilze zu dem Gemüse in die Pfanne geben und 3 Minuten mitschmoren lassen. Mit Salz und Pfeffer abschmecken.

5 Brokkoli und Kräuter mit dem Gemüse in der Pfanne vermischen und über den Reis in der Form verteilen.

6 Den Backofen auf 220 °C (Umluft 190 °C, Gas Stufe 4) vorheizen. Für die Mornaysauce die Butter in einer Kasserolle zerlassen, das Mehl hinzufügen und hellgelb rösten. Unter Rühren mit dem Schneebesen Milch und Gemüsewasser aufgießen. Die Sauce gut durchrühren – es sollten keine Mehlklümpchen zurückbleiben.

7 Die Sauce 10 Minuten kochen lassen und mit Salz, Pfeffer und Muskat abschmecken. Die Sahne und den Käse hinzufügen. Den Topf vom Herd nehmen und die Sauce mit den Eigelben verrühren. Über das Gemüse gießen und mit Butterflöckchen besetzen. Auf der oberen Schiene im Backofen in 15 – 20 Minuten goldgelb überbacken.

Beilage: gekochter oder roher Schinken

Für 4 Personen

Zubereitungszeit: 1 Stunde 30 Minuten

Pro Portion: 665 kcal, 37 g Eiweiß, 47 g Fett, 21 g Kohlenhydrate

Überbackene Auberginen

1,5 kg Auberginen
Salz
1 kg reife Tomaten
1 mittelgroße Zwiebel
4 EL Olivenöl
einige frische Basilikumblätter
schwarzer Pfeffer aus der Mühle
300 g Mozzarella
4 hart gekochte **Eier**
150 g Parmesan, frisch gerieben

außerdem
Mehl zum Wenden
reichlich Olivenöl zum Ausbacken und für die Form

1 Eine längliche, feuerfeste Form mit Öl ausstreichen. Die Auberginen waschen, der Länge nach in Scheiben schneiden und mit Salz bestreuen. Mit einem Teller bedecken, mit einem Gewicht beschweren und das Gemüse 1/2 Stunde ziehen lassen.

2 Die Tomaten blanchieren, häuten, entkernen und in Würfel schneiden. Die Zwiebel schälen und in Würfel schneiden. Das Öl in einem Topf erhitzen und die Zwiebel darin glasig braten. Die Tomaten sowie das geschnittene Basilikum hinzufügen. Im offenen Topf zu einer dicklichen Tomatensauce einkochen lassen und mit Salz und Pfeffer abschmecken.

3 Mozzarella und hart gekochte Eier in dicke Scheiben schneiden. Den Backofen auf 180°C (Umluft 150°C, Gas Stufe 2) vorheizen.

4 Von den Auberginen das Wasser abgießen, die Scheiben gut abtrocknen und in Mehl wenden. Reichlich Öl in einer tiefen Pfanne erhitzen und die Auberginenscheiben nacheinander darin ausbacken. Gut abtropfen lassen.

5 Eine Schicht Auberginenscheiben in die Form geben, dick mit geriebenem Parmesan bestreuen und mit Mozzarella- und Eischeiben bedecken. Einige Löffel Tomatensauce darübergeben und wieder eine Schicht Auberginen, Käse usw. darauffüllen, bis alle Zutaten verbraucht sind. Den Abschluss bildet Tomatensauce. Auf der mittleren Schiene im Backofen in etwa 30 Minuten gar backen.

Beilage: knuspriges Stangenweißbrot

Getränkeempfehlung: Pinot Grigio aus dem Trentino oder Chianti

Für 4 Personen

Zubereitungszeit: 1 Stunde

Pro Portion: 735 kcal, 32 g Eiweiß, 50 g Fett, 37 g Kohlenhydrate

Gratin von Brokkoli, Spinat und Grünkern

1 kg frischer junger Spinat
Salz
2 kleine Schalotten
40 g Margarine
200 g gekochter **Grünkern**
250 g Sahne
weißer Pfeffer aus der Mühle
frisch geriebene **Muskatnuss**
500 g Brokkoli
1/4 l (250 ml) Gemüsebrühe (selbst gemacht oder aus Extrakt)
2 cl Sherry (Fino)
2 cl Sherryessig
3 verquirlte Eigelb
200 g Emmentaler, frisch gerieben

1. Den Spinat putzen, waschen und in kochendem Salzwasser 1 Minute blanchieren. In kaltem Wasser kurz abschrecken, dann gut ausdrücken.
2. Die Schalotten schälen und fein hacken. Das Fett in einem Topf erhitzen und die Schalotten darin anschwitzen. Den Spinat hinzufügen, kurz andünsten, dann den Grünkern und die Hälfte der Sahne dazugeben und würzen.
3. Den Brokkoli putzen und in kleine Röschen zerteilen, in kochendem Salzwasser blanchieren.
4. Brühe, die restliche Sahne, Sherry und Essig um ein Drittel einkochen lassen. Vom Herd nehmen und die Eigelbe untermischen.
5. Die Spinatmischung in eine feuerfeste Auflaufform füllen und den gut abgetropften Brokkoli darauf verteilen. Mit Käse bestreuen und mit der Sahne-Eier-Sauce begießen.
6. Auf der oberen Schiene unter dem Grill einige Minuten gratinieren.

Getränkeempfehlung: Spätburgunder Weißherbst, z. B. aus Baden

Für 2 Personen

Zubereitungszeit: 30 Minuten

Pro Portion: 1145 kcal, 37 g Eiweiß, 98 g Fett, 29 g Kohlenhydrate

Gratinierter Fenchel mit Nusskruste

800 g Fenchel

Salz

200 g Crème fraîche

150 g Knoblauchgouda, frisch gerieben

100 g frisch gemahlene **Haselnüsse**

schwarzer Pfeffer aus der Mühle

Fett für die Form

1 Die Fenchelknollen waschen. Das Grün abschneiden und beiseite legen. Die Fenchelknollen längs in ca. 1 cm dicke Scheiben schneiden.

2 Die Fenchelscheiben in kochendem Salzwasser 3 Minuten garen. Mit einer Schaumkelle herausnehmen und dabei gut abtropfen lassen.

3 Den Backofen auf 220°C (Umluft 190°C, Gas Stufe 4) vorheizen. Eine feuerfeste Form einfetten und die Fenchelscheiben darin dachziegelartig anordnen.

4 Die Crème fraîche in eine Schüssel geben. Den Knoblauchkäse und die Haselnüsse zufügen und alles gut durchrühren. Die Mischung mit Salz und Pfeffer kräftig abschmecken und gleichmäßig auf dem Fenchel verteilen.

5 Das Gemüse auf der mittleren Schiene des Backofens in 15 Minuten goldbraun überbacken. Mit dem zurückbehaltenen Fenchelgrün bestreuen.

Beilage: Baguette oder Kartoffelpüree

Getränkeempfehlung: leichter Weißwein aus dem Friaul oder Verdicchio

tipp

Variieren Sie das Gericht, indem Sie zwischen die Fenchelscheiben gut zerdrückten Thunfisch aus der Dose verteilen. Anstelle der Nüsse können Sie auch Pistazien nehmen.

Für 4 Personen

Zubereitungszeit: 45 Minuten

Pro Portion: 265 kcal, 13 g Eiweiß, 21 g Fett, 6 g Kohlenhydrate

Tomaten mit Mascarponesoufflé

4 vollreife, große Fleischtomaten

Fett für die Form

Souffléfüllung

1 Bund Basilikum, fein gehackt

2 feste Tomaten

200 g Mascarpone

3 Eier, getrennt

Salz

weißer Pfeffer aus der Mühle

1 Die Tomaten waschen, einen Deckel abschneiden und mit einem Teelöffel vorsichtig das Fruchtfleisch herauslösen.

2 Die ausgehöhlten Tomaten nebeneinander in eine gefettete Auflaufform stellen.

3 Den Backofen auf 200 °C (Umluft 170 °C, Gas Stufe 3) vorheizen. Für die Füllung das Basilikum waschen, trocken tupfen und fein hacken. Die Tomaten blanchieren, häuten und ohne Stängelansätze und Kerne in kleine Würfel schneiden.

4 Mascarpone in eine Schüssel geben und mit den Eigelben zu einer glatten Creme rühren. Basilikum und Tomatenwürfel hinzufügen, mit Salz und Pfeffer würzig abschmecken und zum Schluss die steif geschlagenen Eiweiße unterheben.

5 Die Mascarponemasse in die Tomaten füllen. Auf der mittleren Schiene des Backofens 15–20 Minuten goldbraun backen.

Beilage: Fleisch- und Geflügelgerichte oder knuspriges Weißbrot

Von jeder Tomate einen Deckel abschneiden, dann das Fruchtfleisch mit einem Löffel herauslösen.

Mascarpone mit den Eigelben glatt rühren, Basilikum und die Tomatenwürfel zugeben.

Den Eischnee vorsichtig unter die Mascarponecreme heben.

Für 4 Personen

Zubereitungszeit: 45 Minuten

Pro Portion: 465 kcal, 33 g Eiweiß, 23 g Fett, 31 g Kohlenhydrate

Gefüllte Paprikaschoten

8 mittelgroße Paprikaschoten

100 g Reis

Salz

500 g Lammfleisch

2 kleine Zwiebeln, geschält

1 Knoblauchzehe, geschält

1 TL fein gehackte **Minzeblätter**

1 TL fein gehackter **Dill**

schwarzer Pfeffer aus der Mühle

1/4 l (250 ml) Fleischbrühe (aus Extrakt)

1 EL Butter

150 g Crème fraîche

1 Von den Paprikaschoten kleine Deckel abschneiden, die Kerne entfernen und die Schoten innen und außen waschen.

2 Den Reis in wenig Salzwasser 5 Minuten vorkochen. Auf einem Sieb abtropfen lassen.

3 Fleisch, geschälte Zwiebeln und Knoblauch durch den Fleischwolf drehen oder in der Küchenmaschine nicht zu fein zerhacken. Mit dem Reis und den Kräutern vermischen und herzhaft mit Salz und Pfeffer abschmecken. Die Paprikaschoten mit der Mischung füllen, aufrecht in eine feuerfeste Form setzen und die abgeschnittenen Deckel daraufsetzen.

4 Den Backofen auf 200°C (Umluft 170°C, Gas Stufe 3) vorheizen. Die Fleischbrühe und die Butter in einem Topf erhitzen, bis die Butter geschmolzen ist. Über die Paprikaschoten gießen. Die Form mit Alufolie verschließen.

5 Die Paprikaschoten im Backofen auf der unteren Schiene 60–70 Minuten gar schmoren. Die Sauce mit der glatt gerührten Crème fraîche aufgießen und einkochen lassen, bis sie cremig wird. Mit den Paprikaschoten servieren.

Beilage: Reis

Getränkeempfehlung: vollmundiger, aromatischer Rotwein, vorzugsweise Balaton vom Plattensee

Den abgeschnittenen Deckel auf die gefüllten Paprika setzen. Die Schoten aufrecht und eng beieinander in eine feuerfeste Form stellen, dass sie nicht umfallen können. Butter und Fleischbrühe darübergießen, bevor das Gemüse im Ofen geschmort wird.

tipp

Anstelle der Crème fraîche kann man auch eine Tomatensauce aus frischen Tomaten über die Paprikaschoten gießen.

Für 4 Personen

Zubereitungszeit: 40 Minuten

Pro Portion: 280 kcal, 13 g Eiweiß, 16 g Fett, 22 g Kohlenhydrate

Porree mit Schinken

12 Stangen Porree
Salz
4 Scheiben gekochter Schinken
Butter für die Form

Béchamelsauce

30 g Butter
30 g Mehl
½ l (500 ml) Milch
1 Eigelb
Salz
weißer Pfeffer aus der Mühle
frisch geriebene **Muskatnuss**

1. Die Wurzeln und das grüne Ende der Porreestangen abschneiden, sodass nur noch die weißen Stangen übrig bleiben. Diese sehr gründlich waschen.
2. Wasser mit Salz in einem länglichen Topf zum Kochen bringen. Die Porreestangen einlegen und in 10 Minuten fast gar kochen. Auf einem Sieb abtropfen lassen.
3. Für die Béchamelsauce die Butter in einem Topf zerlassen, das Mehl hinzufügen und hellgelb rösten. Nach und nach unter ständigem Rühren mit einem Schneebesen die Milch hinzufügen. Die Sauce weiter einkochen lassen, dann vom Herd nehmen und mit dem Eigelb legieren. Mit Salz, Pfeffer und Muskatnuss abschmecken.
4. Den Backofen auf 200 °C (Umluft 170 °C, Gas Stufe 3) vorheizen. Eine flache, feuerfeste Form einfetten. Je 3 Porreestangen mit einer Scheibe Schinken umwickeln und nebeneinander in die Form legen. Die Sauce darübergießen.
5. Die Porreestangen im Backofen auf der mittleren Schiene in ca. 15 Minuten gratinieren, bis eine goldbraune Kruste entsteht.

Beilage: Kartoffelpüree

Pizza, Quiche und Tarte

Für 4 Personen

Zubereitungszeit: 40 – 50 Minuten, Aufgehzeit: 45 Minuten

Pro Portion: 595 kcal, 27 g Eiweiß, 36 g Fett, 38 g Kohlenhydrate

Pizza mit Spinat und Ziegenkäse

Pizzateig

200 g Mehl

Salz

10 g frische Hefe

1/8 l (125 ml) lauwarmes **Wasser**

1 EL Olivenöl

Öl für das Backblech

Belag

500 g junge Spinatblätter

Salz

200 g mittelalter Ziegenkäse

1 Kugel Mozzarella (150 g)

1 gehackte **Schalotte**

1 gehackte **Knoblauchzehe**

3 EL gehackte **Walnüsse**

2 EL Walnussöl

2 EL Olivenöl

1. Mehl und Salz in eine Schüssel geben, in die Mitte eine Mulde drücken und die Hefe hineinbröckeln. Mit etwas lauwarmem Wasser verrühren und mit einem Tuch bedeckt an einem warmen Ort 15 Minuten gehen lassen. Dann das Öl sowie das restliche Wasser dazugießen und zu einem festen Teig verarbeiten. Den Teig so lange schlagen, bis er sich vom Schüsselboden löst. Zugedeckt an einem warmen Ort 30 Minuten gehen lassen.

2. In der Zwischenzeit den Spinat verlesen und gründlich waschen. Tropfnass in einen ausreichend großen Topf geben, salzen und zugedeckt bei mittlerer Hitze zusammenfallen lassen. Auf einen Durchschlag zum Abtropfen schütten und abkühlen lassen.

3. Ziegenkäse zerbröckeln, Mozzarella in kleine Würfel schneiden, beides vermischen. Den Backofen auf 220 °C (Umluft 190 °C, Gas Stufe 4) vorheizen.

4. Den Pizzateig zu einem Rechteck von 35 x 30 cm ausrollen und das geölte Backblech damit auslegen. Den Boden mit Spinatblättern belegen, mit Schalotten- und Knoblauchwürfeln, Käse und gehackten Walnüssen bestreuen. Mit Öl beträufeln und in 30 – 40 Minuten gar backen. Sofort in Stücke teilen und servieren.

Getränkeempfehlung: würziger Weißwein oder ein trockener, kräftiger Rotwein

tipp

Je würziger der Ziegenkäse, umso pikanter die Pizza. Wer's milder möchte, nimmt Ziegenfrischkäse, mit Kräutern oder ohne.

Für 4 Personen

Zubereitungszeit: 45 Minuten

Pro Portion: 720 kcal, 30 g Eiweiß, 46 g Fett, 40 g Kohlenhydrate

Porree-Käse-Quiche

250 g Mürbeteig (gekühlter Frischteig)

Mehl zum Ausrollen

Fett für die Form

500 g Porree, in Ringe geschnitten

Salz

2 Eier

200 g Gouda, frisch gerieben

250 g Sahnequark

1 EL Speisestärke

schwarzer Pfeffer aus der Mühle

1 Den Backofen auf 200 °C (Umluft 170 °C, Gas Stufe 3) vorheizen. Den Mürbeteig auf einer bemehlten Arbeitsfläche ausrollen und den Boden einer gefetteten Springform von 26 cm Durchmesser damit auskleiden, einen ca. 3 cm hohen Rand hochziehen. Boden mehrmals mit einer Gabel einstechen und auf der mittleren Schiene 10 Minuten vorbacken.

2 Inzwischen den Porree putzen, waschen, in Ringe schneiden und in kochendem Salzwasser 5 Minuten blanchieren. Eiskalt abschrecken und gut abtropfen lassen.

3 Die Eier mit dem geriebenen Käse, dem Sahnequark und der Speisestärke verrühren. Den Porree untermischen und mit Salz und Pfeffer abschmecken.

4 Die Porree-Käse-Masse auf den vorgebackenen Mürbeteig geben und ca. 30 Minuten auf der mittleren Schiene backen.

Getränkeempfehlung: junger Wein oder Bier

Für 4 Personen

Zubereitungszeit: 35 Minuten

Pro Portion: 680 kcal, 22 g Eiweiß, 47 g Fett, 34 g Kohlenhydrate

Schnittlauchquiche

250 g Mürbeteig (gekühlter Frischteig)

Mehl zum Ausrollen

Fett für die Form

200 g saure Sahne

4 Eier

Salz

schwarzer Pfeffer aus der Mühle

frisch geriebene **Muskatnuss**

3 Bund Schnittlauch, fein geschnitten

2 mittelgroße Zwiebeln, in feine Ringe geschnitten

150 g Gouda, gerieben

1 Den Backofen auf 220 °C (Umluft 190 °C, Gas Stufe 4) vorheizen. Den Mürbeteig auf einer bemehlten Fläche ausrollen. Eine Springform von 26 cm Durchmesser einfetten, den Teig hineinlegen, einen ca. 3 cm hohen Rand hochdrücken und den Boden mehrmals mit einer Gabel einstechen. Auf der mittleren Schiene 10 Minuten vorbacken.

2 Inzwischen die saure Sahne in einer Schüssel mit den Eiern verrühren. Mit Salz, Pfeffer und Muskat herzhaft würzen. Den Schnittlauch abbrausen, trocken schütteln, fein schneiden und unter die Sahne-Eier-Masse geben.

3 Die Zwiebeln schälen, in feine Ringe schneiden und auf dem vorgebackenen Teigboden verteilen, dann die Sahne-Eier-Mischung darübergießen und mit dem Käse bestreuen. In weiteren 25 Minuten fertig backen. Nach Belieben mit Schnittlauch bestreut servieren.

Getränkeempfehlung: kühles Pils

Für 4 Personen

Zubereitungszeit: 35 Minuten

Pro Portion: 420 kcal, 17 g Eiweiß, 21 g Fett, 37 g Kohlenhydrate

Pizza mit Oliven und Sardinen

300 g Hefeteig (gekühlter Frischteig)

Fett für das Blech

250 g passierte Tomaten (Fertigprodukt)

Salz

schwarzer Pfeffer aus der Mühle

2 Knoblauchzehen

150 g entsteinte, grüne Oliven, in Scheiben geschnitten

2 Dosen entgrätete Ölsardinen

2 TL Oregano

4 EL Emmentaler, frisch gerieben

1. Ein Backblech einfetten. Den Teig darauf ausrollen und einen Rand bilden.
2. Die Tomaten 8 Minuten kochen, salzen und pfeffern. Den Knoblauch schälen und dazudrücken.
3. Den Backofen auf 200°C (Umluft 170°C, Gas Stufe 3) vorheizen. Die Oliven in Scheiben schneiden und die Sardinen in einem Sieb abtropfen lassen.
4. Den Teigboden mit den Tomaten gleichmäßig bestreichen. Die Sardinen in Stückchen teilen, auf die Tomaten legen, die Oliven darüberstreuen. Mit Salz, Pfeffer und Oregano würzen und den Emmentaler darüberstreuen. Auf der unteren Schiene 20–25 Minuten backen.

Getränkeempfehlung: roter italienischer Landwein

tipp

Für Partys können Sie aus der gleichen Teigmenge ca. 20 Minipizzas herstellen.

Für 4 Personen

Zubereitungszeit: 35 Minuten

Pro Portion: 760 kcal, 34 g Eiweiß, 47 g Fett, 42 g Kohlenhydrate

Hackfleischpizza mit Gorgonzola

2 EL Olivenöl

1 Zwiebel, gehackt

2 Knoblauchzehen, geschält

400 g Hackfleisch

5 EL Tomatenmark

Salz

schwarzer Pfeffer aus der Mühle

je 1 TL Thymian und Oregano, frisch oder getrocknet

300 g Hefeteig (gekühlter Frischteig)

200 g Sahnegorgonzola

Fett für das Blech

1 Das Olivenöl in einer Pfanne erhitzen und die Zwiebelwürfel darin glasig dünsten. Die Knoblauchzehen schälen und dazudrücken. Das Hackfleisch zufügen und krümelig braten. Das Tomatenmark hineinrühren und mit Salz, Pfeffer und Kräutern würzen.

2 Den Backofen auf 200°C (Umluft 170°C, Gas Stufe 3) vorheizen. Ein Backblech einfetten und den Hefeteig darauf ausrollen, dabei einen Rand hochziehen. Das Hackfleisch auf dem Teig gleichmäßig verteilen und den Gorgonzola als Flocken daraufsetzen.

3 Die Pizza auf die unterste Schiene des Backofens schieben und 20 Minuten backen.

Getränkeempfehlung: leichter Rotwein aus Italien oder Frankreich

Für 4 Personen

Zubereitungszeit: 35 Minuten

Pro Portion: 685 kcal, 15 g Eiweiß, 49 g Fett, 43 g Kohlenhydrate

Austernpilz-Quiche mit Käse

2 EL Olivenöl

1 Zwiebel, gehackt

250 g Mürbeteig (gekühlter Frischteig)

Mehl zum Ausrollen

Fett für die Form

750 g Austernpilze

Salz

schwarzer Pfeffer aus der Mühle

1 TL Kräuter der Provence

150 g Crème fraîche

100 g Appenzeller Käse, frisch gerieben

1 Bund glatte Petersilie, fein gehackt

1 Das Olivenöl in einer breiten Pfanne erhitzen. Die Zwiebelwürfel darin glasig dünsten.

2 Den Backofen auf 220 °C (Umluft 190 °C, Gas Stufe 4) vorheizen.

3 Den Mürbeteig auf einer bemehlten Fläche ausrollen. Eine Springform von 26 cm Durchmesser einfetten, mit dem Teig auslegen, einen Rand von ca. 4 cm hochdrücken und den Teigboden mehrmals einstechen. Auf der mittleren Schiene 10 Minuten backen.

4 Inzwischen die Austernpilze abbrausen und in schmale Streifen schneiden. In die Pfanne zu den Zwiebeln geben und dünsten, bis fast alle Flüssigkeit verdampft ist. Mit Salz, Pfeffer und Kräutern kräftig würzen. Etwas abkühlen lassen.

5 Die Crème fraîche mit dem geriebenen Käse unter die Austernpilze heben. Die Pilzmischung auf dem Mürbeteig gleichmäßig verteilen und weitere 15 Minuten backen. Die Petersilie auf die fertig gebackene Quiche streuen.

Beilage: knackiger Blattsalat aus mehreren Sorten

Getränkeempfehlung: hierzu passt ein Chardonnay, der, ähnlich wie der Riesling, zu den hochwertigen Weißweintrauben zählt. Chardonnayweine sind körperreich und trocken, der Geschmack wird als nussig bezeichnet

Für 4 Personen

Zubereitungszeit: 40 Minuten

Pro Portion: 660 kcal, 35 g Eiweiß, 37 g Fett, 39 g Kohlenhydrate

Thunfisch-Zucchini-Pizza

300 g Hefeteig
(gekühlter Frischteig)

Fett für das Backblech

50 g Fleischtomaten

Salz

schwarzer Pfeffer aus der Mühle

2 Zucchini (350 g), gehobelt

2 Dosen Thunfisch natur (à 185 g)

1 Kugel Mozzarella (150 g)

Oregano zum Bestreuen

Olivenöl zum Beträufeln

1 Ein Backblech einfetten. Den Hefeteig darauf dünn ausrollen, den Rand etwas dicker lassen.

2 Den Backofen auf 200°C (Umluft 170°C, Gas Stufe 3) vorheizen. Die Tomaten blanchieren, häuten, entkernen und grob hacken. Auf dem Hefeteig verteilen, salzen und pfeffern.

3 Die Zucchini waschen, von den Stängelansätzen befreien und in feine Scheiben hobeln. Gleichmäßig auf den Tomaten verteilen.

4 Den Thunfisch abtropfen lassen und mit einer Gabel zerpflücken. Auf die Zucchinischeiben legen.

5 Mozzarella in kleine Würfel schneiden und zum Schluss darüberstreuen. Mit Oregano würzen und mit Olivenöl beträufeln. Auf der untersten Schiene 25 Minuten backen.

Getränkeempfehlung: Bier oder leichter, roter Tischwein

Für 6 Personen

Zubereitungszeit: 1 Stunde 40 Minuten, Aufgehzeit: ca. 2 Stunden

Pro Portion: 995 kcal, 31 g Eiweiß, 56 g Fett, 84 g Kohlenhydrate

Pizza mit Gemüse und Weizen

Pizzateig

500 g feines Weizenvollkornmehl, frisch gemahlen

30 g frische Hefe

1/4 l (250 ml) lauwarme **Milch**

60 g Butter

2 Eier

Salz

weißer Pfeffer aus der Mühle

Mehl zum Ausrollen

Fett für das Blech

Belag

1 Gemüsezwiebel, gewürfelt

8 EL Olivenöl

1 kleine Dose Tomaten (400 g)

2 EL Tomatenmark

Salz

weißer Pfeffer aus der Mühle

2 mittelgroße Möhren

2 mittelgroße Stangen Porree

1 kleiner Staudensellerie

100 g Pinienkerne, geröstet

200 g Weizenkörner, gekocht

200 g mittelalter Gouda, frisch gerieben

1 Das Mehl in eine Schüssel sieben, in die Mitte eine Mulde drücken und die Hefe hineinbröckeln. Die Milch dazugießen und mit einem Teil des Mehls zu einem Vorteig verrühren. Zugedeckt an einem warmen Ort etwa 30 Minuten gehen lassen. Die Butter zerlassen und mit den verquirlten Eiern und Salz und Pfeffer zum Vorteig geben. Alles miteinander verrühren und den Teig so lange kneten, bis er sich vom Schüsselboden löst. Zugedeckt etwa 1 Stunde gehen lassen. Das Teigvolumen muss sich verdoppelt haben.

2 Währenddessen für den Belag die Gemüsezwiebel schälen und in Würfel schneiden. 4 EL Öl in einem Schmortopf erhitzen und die Zwiebelwürfel darin anschwitzen. Die in Stücke geschnittenen Dosentomaten mitsamt Saft und dem Tomatenmark hinzufügen, mit Salz und Pfeffer würzen und die Sauce bei schwacher Hitze etwa 10 Minuten köcheln lassen. Dann durch ein nicht zu feines Sieb streichen und erneut so lange köcheln lassen, bis eine Art Paste entsteht.

3 Den Pizzateig noch einmal durchkneten und erneut etwa 20 Minuten gehen lassen.

4 Möhren, Porree und Staudensellerie waschen und putzen. Die Möhre schaben und erst der Länge nach in Scheiben, dann in schmale Streifen schneiden. Die Porreestangen in Ringe, die auseinandergelösten Stangen des Selleries in feine Scheiben schneiden.

5 Das restliche Öl in einer Pfanne erhitzen und das Gemüse bei mittlerer Hitze unter Rühren darin kurz anschwitzen. In eine Schüssel geben und mit den Pinienkernen und Weizenkörnern vermischen. Mit Salz und Pfeffer würzen.

6 Den Backofen auf 220 °C (Umluft 190 °C, Gas Stufe 4) vorheizen. Den Teig auf einem bemehlten Brett ausrollen und ein gefettetes Backblech damit auskleiden. Mit der Tomatensauce bestreichen, mit der Gemüsemischung gleichmäßig belegen und mit Käse bestreuen. Die Pizza auf die mittlere Schiene in den Backofen 30 – 40 Minuten backen.

Für 6 – 8 Personen

Zubereitungszeit: 1 Stunde 10 Minuten, Ruhezeit: 1 Stunde

Pro Portion bei 6 Personen: 800 kcal, 14 g Eiweiß, 67 g Fett, 29 g Kohlenhydrate

Bunte Gemüsetarte

Teig

200 g feines Weizenvollkornmehl, frisch gemahlen

1 Ei

150 g gut gekühlte **Butter**

Salz

weißer Pfeffer aus der Mühle

Mehl zum Ausrollen

Fett für die Form

Belag

je 1 rote, gelbe und grüne Paprikaschote, gewürfelt

3 kleine Zucchini, in Scheiben geschnitten

100 g frische Erbsen (mit Schoten)

150 g durchwachsener Frühstücksspeck, gewürfelt

2 Schalotten, gehackt

2 EL Öl

250 g Kirschtomaten

250 g Sahne

4 Eier

2 EL frisch gehackte **Petersilie**

Salz

weißer Pfeffer aus der Mühle

1. Für den Teig das Mehl in eine Schüssel sieben, in die Mitte eine Mulde drücken und das Ei hineingeben. Den Rand mit Butterflöckchen belegen und mit Salz und Pfeffer bestreuen. Zu einem glatten Teig verkneten. Mit Folie umhüllt 1 Stunde kühl stellen.

2. Für den Belag die Paprikaschoten waschen, halbieren und die Stängelansätze sowie die Samenkerne entfernen. Die Paprikahälften in kleine Würfel schneiden. Die Zucchini waschen, die Enden entfernen und das Gemüse in feine Scheiben schneiden. Die Erbsen aus den Schoten lösen und kurz in kochendem Wasser blanchieren.

3. Den Speck in kleine Würfel schneiden, kurz blanchieren und gut abgetropft mit den Schalottenwürfeln im erhitzen Öl bei mittlerer Hitze anschwitzen. Auf ein Sieb geben und abtropfen lassen.

4. Den Backofen auf 200 °C (Umluft 170 °C, Gas Stufe 3) vorheizen. Den Mürbeteig auf einem bemehlten Brett zu einer runden Platte von 30 cm Durchmesser ausrollen. Boden und Rand einer gefetteten Tarteform mit 26 cm Durchmesser damit auskleiden. Den Boden mehrmals mit einer Gabel einstechen. Den äußeren Rand mit zwei Reihen Zucchinischeiben belegen. Paprika und Erbsen mit den Speckwürfeln vermischen und in die Mitte geben. Die gewaschenen Kirschtomaten dazwischen verteilen.

5. Die Sahne mit den Eiern gründlich verquirlen und mit Petersilie, Salz und Pfeffer abschmecken. Die Sahnemischung über dem Gemüse verteilen und die Tarte auf der mittleren Schiene des Backofens etwa 35 Minuten backen.

Getränkeempfehlung: Spätburgunder Weißherbst mit einer frischen Säure, z. B. aus dem Rheingau

Für 6–8 Personen

Zubereitungszeit: 1 Stunde, Ruhezeit: 1 Stunde

Pro Portion bei 6 Personen: 825 kcal, 29 g Eiweiß, 63 g Fett, 30 g Kohlenhydrate

Käse-Nuss-Tarte

Teig

200 g feines Weizenvollkornmehl, frisch gemahlen

1 Ei

150 g gut gekühlte **Butter**

Salz

weißer Pfeffer aus der Mühle

Mehl zum Ausrollen

Fett für die Form

Belag

100 g Pistazien

100 g Pinienkerne

500 g Mascarpone

300 g Magerquark

125 g Crème fraîche

4 Eier

Salz

weißer Pfeffer aus der Mühle

frisch geriebene **Muskatnuss**

1. Mehl in eine Schüssel sieben, in die Mitte eine Mulde drücken und das Ei hineingeben. Den Rand mit Butterflöckchen belegen und mit Salz und Pfeffer bestreuen. Rasch zu einem glatten Teig verkneten. Mit Folie umhüllt 1 Stunde kühl stellen.
2. Für den Belag die Nüsse in einer Pfanne rösten, dann fein hacken.
3. Mascarpone, Quark, Crème fraîche und Eier verrühren. Mit Salz, Pfeffer und Muskat würzen und die Nüsse untermischen. Den Backofen auf 200 °C (Umluft 170 °C, Gas Stufe 3) vorheizen.
4. Den Teig auf einem bemehlten Brett zu einer runden Platte von 30 cm Durchmesser ausrollen. Boden und Rand einer gefetteten Tarteform von 26 cm Durchmesser damit auskleiden. Den Boden mehrmals mit einer Gabel einstechen. Den Belag auf dem Teig verteilen und die Tarte auf der mittleren Schiene des Backofens 35–40 Minuten backen.

Getränkeempfehlung: trockener Silvaner aus Franken

Für 4 Personen

Zubereitungszeit: 1 Stunde

Pro Portion: 505 kcal, 8 g Eiweiß, 42 g Fett, 19 g Kohlenhydrate

Möhrentarte

200 g tiefgekühlter Vollkornblätterteig

Hülsenfrüchte zum Blindbacken

Belag

200 g junge Möhren mit Grün, geraspelt

2 EL gehackte Möhrenblätter

50 g Butterschmalz oder **Margarine**

Salz

weißer Pfeffer aus der Mühle

100 g Sahne

4 cl Möhrensaft

3 Eier

frisch geriebene **Muskatnuss**

1 Die Blätterteigplatten auftauen lassen. Den Backofen auf 200 °C (Umluft 170 °C, Gas Stufe 3) vorheizen.

2 Die Teigplatten übereinanderlegen und zu einer runden Platte von 28 cm ausrollen. Boden und Rand einer mit kaltem Wasser ausgespülten Tarteform mit 24 cm Durchmesser oder kleine Torteletteförmchen mit dem Teig auskleiden und den Boden mit Linsen oder Trockenerbsen belegen. 10 Minuten auf der mittleren Schiene vorbacken, dann die Hülsenfrüchte entfernen.

3 Währenddessen für den Belag die Möhren waschen, die jungen, zarten Blätter abschneiden, fein hacken und beiseite legen. Die Möhren schaben und auf der groben Seite einer Rohkostreibe raspeln. Butterschmalz oder Margarine in einer Pfanne schmelzen lassen und das Gemüse darin bei mittlerer Hitze kurz anschwitzen. Mit Salz und Pfeffer würzen, von der Kochstelle nehmen und etwas abkühlen lassen.

4 Sahne und Möhrensaft sowie nach und nach die Eier miteinander verquirlen, die gehackten Möhrenblätter hinzufügen und mit Salz, Pfeffer und Muskat würzig abschmecken.

5 Die Möhrenmischung auf dem vorgebackenen Blätterteig verteilen und mit der Sahne-Eier-Mischung begießen. Die Tarte oder Tortelettes auf der mittleren Schiene ca. 15–20 Minuten backen.

Getränkeempfehlung: halbtrockener Riesling aus dem Rheingau

Für 6 Personen

Zubereitungszeit: 1 Stunde 30 Minuten, Aufgehzeit: ca. 2 Stunden

Pro Portion: 725 kcal, 32 g Eiweiß, 36 g Fett, 62 g Kohlenhydrate

Vollkornpizza mit Tomaten, Mozzarella und Basilikum

Teig

500 g feines Weizenvollkornmehl, frisch gemahlen

30 g frische Hefe

¹/₄ l (250 ml) lauwarme **Milch**

60 g flüssige Butter

2 Eier

Salz

weißer Pfeffer aus der Mühle

Mehl zum Ausrollen

Fett für das Blech

Belag

1 Gemüsezwiebel, gewürfelt

4 EL Olivenöl

1 kleine Dose Tomaten (400 g)

2 EL Tomatenmark

Salz

weißer Pfeffer aus der Mühle

1 kg vollreife Tomaten

450 g Mozzarella (aus Büffelmilch)

1 Bund Basilikum

1 Das Mehl in eine Schüssel sieben, in die Mitte eine Mulde drücken und die Hefe hineinbröckeln. Die Milch dazugießen und mit einem Teil des Mehls zu einem Vorteig verrühren. Zugedeckt an einem warmen Ort etwa 30 Minuten gehen lassen. Die Butter zerlassen und mit den verquirlten Eiern, Salz und Pfeffer zum Vorteig geben. Alles miteinander verrühren und den Teig so lange kneten, bis er sich vom Schüsselboden löst. Zugedeckt an einem warmen Ort etwa 1 Stunde gehen lassen. Das Teigvolumen muss sich verdoppelt haben.

2 Währenddessen für den Belag die Gemüsezwiebel schälen und in Würfel schneiden. Das Öl in einem Schmortopf erhitzen und die Zwiebelwürfel darin bei mittlerer Hitze anschwitzen. Die in Stücke geschnittenen Dosentomaten mitsamt Saft und das Tomatenmark hinzufügen, mit Salz und Pfeffer würzen und die Sauce bei schwacher Hitze etwa 10 Minuten köcheln lassen. Dann durch ein nicht zu feines Sieb passieren und erneut so lange köcheln, bis eine Art Paste entsteht.

3 Den Pizzateig noch einmal durchkneten und erneut etwa 20 Minuten gehen lassen.

4 Die Tomaten kurz blanchieren, häuten und in Achtel schneiden, dabei die Kerne und die Stängelansätze entfernen. Die Mozzarellakugeln in dünne Scheiben schneiden, das Basilikum fein hacken.

5 Den Backofen auf 220 °C (Umluft 190 °C, Gas Stufe 4) vorheizen. Den Teig auf einem bemehlten Brett ausrollen und ein gefettetes Backblech damit belegen. Mit der eingekochten Tomatensauce bestreichen. Tomaten und Mozzarella gleichmäßig darauf verteilen und mit Basilikum bestreuen.

6 Die Pizza auf die mittlere Schiene in den Backofen schieben und 30 – 40 Minuten backen.

Für 9 Küchlein

Zubereitungszeit: 1 Stunde, Ruhezeit: 1 Stunde

Pro Stück: 410 kcal, 14 g Eiweiß, 26 g Fett, 26 g Kohlenhydrate

Quiches mit Kresse und Quark

Teig

- **300 g Weizenmehl**
- **2 Eier**
- **2 Prisen Salz**
- **150 g Butter**

Füllung

- **200 g Gartenkresse**
- **4 Eigelb**
- **300 g Sahnequark**
- **4 Eiweiß**
- **Salz**
- **1/2 TL Dillspitzen**
- **weißer Pfeffer** aus der Mühle

außerdem

- **Butter** für die Förmchen
- **Mehl** zum Ausrollen
- **30 g Butter** zum Belegen

1 Für den Teig das Mehl in eine Schüssel sieben und eine Vertiefung hineindrücken. Die Eier, das Salz und die klein geschnittene Butter hineingeben. Die Zutaten zu einem glatten Teig verarbeiten. Zu einer Kugel formen und mindestens 1 Stunde im Kühlschrank ruhen lassen.

2 Den Backofen auf 200°C (Umluft 170°C, Gas Stufe 3) vorheizen. Für die Füllung die Kresse waschen, gut abtropfen lassen und grob hacken. Das Eigelb mit dem Sahnequark sämig rühren. Das Eiweiß mit wenig Salz steif schlagen. Die Eiercreme mit dem Dill mischen. Den Eischnee und die Kresse Löffel für Löffel darunterziehen. Mit Pfeffer und eventuell etwas Salz abschmecken.

3 Förmchen von 10 cm Durchmesser mit Butter bestreichen. Den Teig auf einem bemehlten Brett 3 mm dick ausrollen. Die Förmchen damit auslegen. Mit einer Gabel die Teigböden mehrmals einstechen. Die Förmchen mit passend zugeschnittenem Backpapier auslegen und mit weißen Bohnen oder Erbsen füllen. 15 Minuten blind backen.

4 Bohnen und Papier entfernen. Die Füllung auf die Förmchen verteilen. Butter in Flocken schneiden und auf die Quiches setzen. In 10–15 Minuten bei 220°C (Umluft 190°C, Gas Stufe 4) fertig backen. Warm oder lauwarm servieren.

Beilage: Tomaten- oder Paprikasalat

Getränkeempfehlung: Apfelwein

Für 4 Personen / Mikrowellen-Kombigerät

Zubereitungszeit: 30 Minuten, Aufgehzeit: 45 Minuten

Pro Portion: 490 kcal, 22 g Eiweiß, 25 g Fett, 45 g Kohlenhydrate

Zucchini-Salami-Pizza aus der Mikrowelle

Pizzateig

200 g Mehl

Salz

10 g frische Hefe

1/8 l (125 ml) lauwarmes **Wasser**

1 EL Olivenöl

Öl für das Backblech

Belag

3 Zucchini

2 Kugeln Mozzarella aus Büffelmilch (je 150 g)

380 g Tomatenstücke mit Kräutern (Fertigpackung)

100 g Salami, in dünne Scheiben geschnitten

1 TL abgezupfte Thymianblätter

2 EL Olivenöl

außerdem

Öl für das Backblech

1 Mehl und Salz in eine Schüssel geben, in die Mitte eine Mulde drücken und die Hefe hineinbröckeln. Mit etwas lauwarmem Wasser verrühren und mit einem Tuch bedeckt an einem warmen Ort 15 Minuten gehen lassen. Dann das Öl sowie das restliche Wasser dazugießen und zu einem festen Teig verarbeiten. Den Teig so lange schlagen, bis er sich vom Schüsselboden löst. Zugedeckt an einem warmen Ort 30 Minuten gehen lassen.

2 Die Zucchini sowie die halbierten Mozzarellakugeln in dünne Scheiben schneiden.

3 Den Backofen des Kombi-Gerätes auf 220°C (Umluft 190°C, Gas Stufe 4) vorheizen.

4 Den Pizzateig zu einem Rechteck von 35 x 30 cm ausrollen und auf ein geöltes Backblech legen. Die Teigplatte mit einer Gabel mehrmals einstechen, mit den Tomatenstücken bedecken und abwechselnd schuppenförmig mit den Zucchini-, Salami- und Mozzarellascheiben belegen. Zum Schluss mit den Thymianblättchen bestreuen und mit Öl beträufeln.

5 14–16 Minuten bei 180 Watt und 220°C auf mittlerer Schiene backen.

Getränkeempfehlung: leichter italienischer Rotwein

Für 4–6 Personen

Zubereitungszeit: 1 Stunde 15 Minuten, Ruhezeit: 2 Stunden

Pro Portion bei 4 Personen: 780 kcal, 17 g Eiweiß, 55 g Fett, 49 g Kohlenhydrate

Lachsquiche

Teig

250 g Weizenmehl

1/2 TL Salz

125 g Butter

4 EL eiskaltes **Wasser**

Belag

150 g geräucherter Lachs in Scheiben

1/8 l (125 ml) Milch

1/8 l (125 ml) Wasser

3 Eier

125 g Sahne

Salz

schwarzer Pfeffer aus der Mühle

frisch geriebene **Muskatnuss**

außerdem

Fett für die Form

Mehl zum Ausrollen

40 g Butter zum Belegen

1 Für den Teig das Mehl in eine Schüssel geben und mit dem Salz vermischen. Die Butter in Flöckchen und das Wasser hinzugeben. Mit den Händen schnell zu einem glatten Teig verkneten – die Butter soll vollständig mit dem Mehl vermischt sein. Zu einer Kugel geformt in Folie hüllen und für 2 Stunden in den Kühlschrank geben.

2 Für den Belag den Räucherfisch mit der Milch und dem Wasser bedeckt kurz aufkochen lassen, dann abgießen und den Sud auffangen. Den abgetropften Fisch in Stücke zerpflücken. Eier, Sahne und 1/8 l Fischsud verquirlen und mit Salz, Pfeffer und Muskatnuss würzen.

3 Den Backofen auf 200 °C (Umluft 170 °C, Gas Stufe 3) vorheizen. Eine Quiche- oder Springform von 24 cm Durchmesser einfetten.

4 Den Teig auf einem bemehlten Brett etwas größer als die Form ausrollen und Boden und Rand der Form sorgfältig damit auslegen. Die Fischstücke auf den Tortenboden geben und mit der Eiersahne übergießen. Mit Butterflöckchen besetzen. Die Quiche auf die mittlere Schiene in den Backofen stellen und in 30–40 Minuten goldgelb backen. Die Quiche etwas auskühlen lassen und dann servieren.

Beilage: ein knackiger Blattsalat

Getränkeempfehlung: neutraler, trockener Weißwein, vorzugsweise z. B. Entre-Deux-Mers

Für 4 Personen

Zubereitungszeit: 1 Stunde, Aufgehzeit: 2 Stunden 15 Minuten

Pro Portion: 725 kcal, 19 g Eiweiß, 29 g Fett, 93 g Kohlenhydrate

Pizza mit Meeresfrüchten

Pizzateig

500 g Weizenmehl

2 TL Salz

20 g frische Hefe

knapp 1/4 l (250 ml) lauwarmes **Wasser**

Öl zum Einfetten des Blechs

Belag

1 Zwiebel, gewürfelt

1 Knoblauchzehe

10 EL Olivenöl

2 große, reife Tomaten

Salz

schwarzer Pfeffer aus der Mühle

400 g gekochte, gemischte Meeresfrüchte (Muscheln, Garnelen, Tintenfischringe)

1 EL gehackte **Petersilie**

etwas zerriebener **Oregano**

1. Für den Teig das Mehl in einer Schüssel mit dem Salz vermischen. In die Mitte eine Vertiefung drücken. Die Hefe hineinbröckeln und mit der Hälfte des Wassers und etwas Mehl zu einem Vorteig verrühren. Den Teig mit einem Küchentuch bedeckt an einem warmen Ort 15 Minuten aufgehen lassen.
2. Mit dem restlichen Wasser zu einem glatten Teig verarbeiten und so lange schlagen, bis er sich vom Schüsselboden löst. Zugedeckt 1 Stunde an einem warmen Ort aufgehen lassen.
3. Aus dem aufgegangenen Teig 4 Kugeln formen. Jede Kugel flach drücken, sodass ein Kreis mit einem Rand entsteht. Mit einem Tuch bedeckt nochmals 1 Stunde gehen lassen.
4. Den Backofen auf 250°C (Umluft 220°C, Gas Stufe 5) vorheizen. Das Backblech mit Öl einfetten.
5. Für den Belag die geschälte Zwiebel in feine Würfel schneiden und mit der abgezogenen Knoblauchzehe in 2 EL Öl glasig braten. Die Tomaten blanchieren, häuten und in Stücke schneiden. Zu den Zwiebelwürfeln geben und 10 Minuten dünsten lassen. Mit Salz und Pfeffer würzen. Die Meeresfrüchte hinzugeben, erhitzen, aber nicht kochen lassen.
6. Die 4 Teigkreise auf das Backblech geben und auf der mittleren Schiene im Backofen 10 Minuten vorbacken.
7. Aus dem Ofen nehmen und die Meeresfrüchte mit der Sauce auf den Pizzas verteilen. Mit Petersilie und Oregano bestreuen. Jede Pizza mit 2 EL Öl beträufeln und auf der mittleren Schiene im Backofen 1 Minute fertig backen. Sofort auftragen.

Getränkeempfehlung: samtiger italienischer Weißwein, vorzugsweise Trebbiano (Abruzzen)

Für 4 Personen

Zubereitungszeit: 45 Minuten, Aufgehzeit: 2 Stunden 15 Minuten

Pro Portion: 915 kcal, 38 g Eiweiß, 41 g Fett, 94 g Kohlenhydrate

Pizza mit Tomaten und Sardellen

Pizzateig

500 g Weizenmehl

1 TL Salz

20 g frische Hefe

knapp 1/4 l (250 ml) lauwarmes **Wasser**

Öl zum Einfetten des Backblechs

Belag

500 g sehr reife Tomaten oder **1 kleine Dose Tomaten (400 g)**

8 Sardellenfilets, gewässert

300 g Mozzarella

8 Basilikumblätter

Salz

schwarzer Pfeffer aus der Mühle

etwas zerriebener **Oregano**

8 EL Olivenöl

4 EL frisch geriebener **Parmesan**

1 Für den Teig das Mehl in einer Schüssel mit dem Salz vermischen. In die Mitte eine Vertiefung drücken. Die Hefe hineinbröckeln und mit der Hälfte des Wassers und etwas Mehl zu einem Vorteig verrühren. Zugedeckt an einem warmen Ort 15 Minuten aufgehen lassen.

2 Mit dem restlichen Wasser zu einem glatten Teig verarbeiten und so lange schlagen, bis er sich vom Schüsselboden löst. Zugedeckt 1 Stunde an einem warmen Ort aufgehen lassen.

3 Aus dem Teig 4 Kugeln formen. Jede Kugel flach drücken, sodass ein Kreis mit einem Rand entsteht. Zugedeckt nochmals 1 Stunde gehen lassen.

4 Für den Belag die Tomaten blanchieren, enthäuten und ohne die Blütenansätze in Stückchen schneiden. Dosentomaten gut abtropfen lassen und zerdrücken. Die Sardellen fein hacken.

5 Den Backofen auf 250°C (Umluft 220°C, Gas Stufe 5) vorheizen. Das Backblech mit Öl einfetten.

6 Die vier Teigkreise auf das Backblech geben, mit den Tomaten bedecken und mit den Sardellen belegen. Die Mozzarella in Scheiben schneiden und darüber verteilen. Mit den streifig geschnittenen Basilikumblättern, Salz, Pfeffer und etwas Oregano würzen. Jede Pizza mit 2 EL Olivenöl beträufeln und mit dem Parmesan bestreuen.

7 Auf die mittlere Schiene in den Backofen geben und 10 Minuten backen. Die Pizzas sollen nicht bräunen. Sofort auf vorgewärmten Tellern anrichten.

Getränkeempfehlung: würziger italienischer Rotwein, z. B. Ischia rosso (Kampanien)

Für die Party

Für 8 Personen

Zubereitungszeit: 1 Stunde 15 Minuten

Pro Portion: 455 kcal, 11 g Eiweiß, 30 g Fett, 31 g Kohlenhydrate

Kastenkuchen mit Gemüse

150 g grüne Bohnen, gewürfelt

1/2 Fenchelknolle, gewürfelt

1 rote Paprikaschote, gewürfelt

1 Bund junge Möhren, gewürfelt

Salz

1 unbehandelte Orange

1 unbehandelte Zitrone

200 g weiche **Butter**

6 Eier

2 TL Selleriesalz

250 g Weizenmehl

20 g frische Hefe

außerdem

Butter zum Einfetten der Form

2 EL Mehl zum Ausstreuen und Bestäuben

40 g geschälte Mandeln

1 Die Bohnen, wenn nötig, abfädeln, die Fenchelknolle putzen, beides in kleine Stücke schneiden. Die Paprikaschote in kleine Würfel schneiden.

2 Das Gemüse in kochendem Salzwasser 3 Minuten blanchieren, kalt abschrecken und in einem Sieb abtropfen lassen. Die Möhren in kleine Würfel schneiden. Ebenfalls in kochendem Salzwasser 6 Minuten blanchieren, abschrecken und abtropfen lassen. Das Gemüse auf Küchenpapier trocknen lassen.

3 Inzwischen die Schalen der Orange und der Zitrone hauchdünn abschälen und in feine Streifen schneiden. 10 Sekunden in kochendem Wasser blanchieren und auf Küchenpapier trocknen lassen.

4 Die Butter mit den Eiern und dem Selleriesalz in einer großen Schüssel gründlich verrühren. Das Mehl, die zerbröckelte Hefe, die Orangen- und Zitronenschalenstreifen hinzufügen und alles zu einem weichen Teig verrühren. Eine große Kastenform (30 cm lang) mit Butter einfetten und mit 1 EL Mehl ausstreuen. Den Backofen auf 200 °C (Umluft 170 °C, Gas Stufe 3) vorheizen.

5 Das Gemüse gründlich mit dem restlichen EL Mehl vermischen und auf den Teig in der Schüssel geben. Locker, aber sorgfältig darunterheben. In die Kastenform füllen und die Mandeln darüber verteilen.

6 Den Kuchen auf der unteren Schiene im Backofen 25 Minuten backen lassen, dann die Hitze auf 150 °C (Umluft 120 °C, Gas Stufe 1) herunterschalten und den Kuchen mit Alufolie bedecken. Weitere 25 Minuten backen. Den Kuchen auf einem Kuchengitter abkühlen lassen.

Beilage: Meerrettichsahne oder Crème fraîche, mit Kräutern vermischt

Für 24 Stück

Zubereitungszeit: 40 Minuten

Pro Stück: 130 kcal, 4 g Eiweiß, 10 g Fett, 6 g Kohlenhydrate

Blätterteig-Stangen mit Räucherlachs

500 g tiefgekühlter **Blätterteig**

250 g sehr dünn geschnittener **Räucherlachs**

2 TL Dillspitzen

schwarzer Pfeffer aus der Mühle

2 Eigelb

1–2 EL Sahne

Salz

2 EL Sesamsamen

1 Den Blätterteig 3 mm dick zu einem Rechteck ausrollen. Aus dem Rechteck 8 cm breite Streifen ausradeln.

2 Den Backofen auf 220 °C (Umluft 190 °C, Gas Stufe 4) vorheizen.

3 Die Hälfte der Streifen mit dünn geschnittenem Räucherlachs belegen und mit Dill und wenig grob gemahlenem Pfeffer bestreuen.

4 Die restlichen Teigstreifen darüberlegen und gut andrücken. Das Eigelb mit der Sahne und 1 Prise Salz verrühren.

5 Die Teigstreifen quer in $1^1/_2$ cm breite Stangen schneiden. Ein Backblech mit Backfolie belegen. Die Stangen darauflegen, mit der Eiersahne bestreichen und mit Sesamsamen bestreuen.

6 Das Backblech auf die mittlere Schiene des Backofens schieben, die Stangen in 15 Minuten goldgelb backen. Lauwarm servieren.

Beilage: zusammen mit anderen kleinen Snacks servieren

Getränkeempfehlung: Champagner, Sekt, trockener Weißwein, z. B. aus Rheinhessen. Man kann auch trockenen Sherry oder Cocktails dazu servieren.

Für 8 – 10 Personen

Zubereitungszeit: 1 Stunde, Aufgehzeit: 1 Stunde 20 Minuten

Pro Portion bei 8 Personen: 590 kcal, 10 g Eiweiß, 38 g Fett, 49 g Kohlenhydrate

Kurländer Speckkuchen

Teig

500 g Weizenmehl

1/2 TL Salz

25 g frische Hefe

1/4 l (250 ml) lauwarme **Milch**

150 g Butter

1 Ei

Füllung

150 g durchwachsener geräucherter Speck, fein gewürfelt

1 Zwiebel, gewürfelt

1 EL Butter

1 EL Semmelbrösel

1 EL frisch gehackte **Petersilie**

schwarzer Pfeffer aus der Mühle

außerdem

Butter für das Blech

Mehl zum Ausrollen

1 Eigelb zum Bestreichen

1 Für den Teig das Mehl in einer Schüssel mit dem Salz vermischen. In die Mitte eine Vertiefung drücken. Die Hefe hineinbröckeln und mit der Hälfte der Milch und etwas Mehl zu einem Vorteig verrühren. Zugedeckt an einem warmen Ort 20 Minuten aufgehen lassen.

2 Mit dem restlichen Mehl, der Milch, der Butter und dem Ei zu einem glatten Teig verarbeiten und so lange schlagen, bis er sich vom Schüsselboden löst. Zugedeckt an einem warmen Ort 1 Stunde gehen lassen.

3 Für die Füllung den Speck in der Küchenmaschine zerkleinern oder in feine Würfel schneiden. Die Zwiebel in Würfel schneiden und in der Butter glasig braten. Speck, Zwiebel, Semmelbrösel, Petersilie und Pfeffer miteinander vermischen.

4 Den Backofen auf 200 °C (Umluft 170 °C, Gas Stufe 3) vorheizen. Das Backblech einfetten.

5 Den aufgegangenen Hefeteig auf einem bemehlten Brett 1 cm dick ausrollen und Plätzchen von 10 cm Durchmesser ausstechen. In die Mitte jedes Plätzchens 1 EL Füllung geben, die Plätzchen zusammenklappen und an den Rändern gut festdrücken. Eventuell mit übrig gebliebenen Teigresten verzieren. Auf das Backblech setzen und mit dem verquirlten Eigelb bestreichen.

6 Das Backblech auf die mittlere Schiene des Backofens schieben und die Speckkuchen in 20 – 25 Minuten goldbraun backen. Die Speckkuchen aus dem Ofen nehmen und auf einer Platte anrichten.

Beilage: gemischter Salat

Getränkeempfehlung: Bier oder Wodka

Für 4 Personen

Zubereitungszeit: 55 Minuten

Pro Portion: 235 kcal, 5 g Eiweiß, 21 g Fett, 6 g Kohlenhydrate

Gefüllte Pilze

16 große Pilze, z. B. Steinpilze oder Champignons

Salz

50 g durchwachsener geräucherter Speck

1 EL Butter

2 EL Petersilie, fein gehackt

1 EL Kräuter (Majoran, Thymian, Rosmarin), gehackt

2 Knoblauchzehen

2 EL Weißbrotkrumen

1 Ei

1 EL Sahne

weißer Pfeffer aus der Mühle

4 EL Fleischbrühe (aus Extrakt)

1 EL Olivenöl

Butter für die Form

1 Die Pilze putzen. Die Stängel der Pilze vorsichtig aus den Hüten drehen und mit dem Wiegemesser fein hacken. Die Pilzhüte auf der gewölbten Seite gerade schneiden. Diese Abschnitte ebenfalls hacken.

2 2 l Salzwasser aufkochen. Die Pilzhüte hineingeben und kurz aufwallen lassen. Mit dem Schaumlöffel herausheben.

3 Den Backofen auf 200 °C (Umluft 170 °C, Gas Stufe 3) vorheizen.

4 Den Speck mit der Butter erhitzen. Die gehackten Pilze, alle Kräuter und den geschälten, durchgepressten Knoblauch zugeben. Alle Zutaten dünsten, bis die austretende Flüssigkeit verdampft ist. Die Weißbrotkrumen daruntermischen.

5 Das Ei mit der Sahne verquirlen und in die Masse gießen. Mit Salz und Pfeffer abschmecken.

6 Eine flache, feuerfeste Form mit Butter bestreichen und die Fleischbrühe hineingießen. Die Pilzhüte mit der gerade geschnittenen Seite nach unten hineinlegen. Mit der vorbereiteten Mischung füllen und mit dem Olivenöl beträufeln. Auf der mittleren Schiene des Backofens 25–30 Minuten backen. Während der ersten 10 Minuten mit Aluminiumfolie abdecken, damit die Füllung nicht zu schnell braun und trocken wird. In der Form servieren.

Die Stängel so vorsichtig aus den Pilzen drehen, dass die Hüte nicht beschädigt werden.

Beilage: gedünsteter Blattspinat auf Risotto

Getränkeempfehlung: roter Landwein (z. B. Gamay) oder Waadtländer Rotwein oder Beaujolais

Für 6 – 8 Personen

Zubereitungszeit: 1 Stunde 30 Minuten

Pro Portion bei 6 Personen: 585 kcal, 27 g Eiweiß, 41 g Fett, 22 g Kohlenhydrate

Hackfleischtorte

300 g tiefgekühlter Blätterteig

1 Zwiebel, gewürfelt

2 EL Butter

50 g gekochter Schinken, gewürfelt

10 g Schweinehack

150 g Tatar

2 Tomaten

1 TL Tomatenmark

Salz

schwarzer Pfeffer aus der Mühle

frisch geriebene Muskatnuss

2 gehäufte EL Mehl

3 Eier

$^1/_4$ l (250 ml) Milch

200 g Emmentaler, frisch gerieben

1 Den Blätterteig auftauen lassen. Die geschälte Zwiebel in feine Würfel schneiden. Die Butter in einer großen Pfanne erhitzen und die Zwiebelwürfel darin glasig braten. Den Schinken fein würfeln und gut mit Hackfleisch und Tatar vermischen. In die Pfanne geben und unter Rühren kurz anbraten.

2 Die Tomaten blanchieren, häuten und in kleine Stückchen schneiden. Mit dem Tomatenmark in die Pfanne geben. Kurz weiterbraten – das Fleisch soll noch rosa sein. Mit Salz, Pfeffer und Muskat würzen. Vom Herd nehmen und erkalten lassen.

3 Den Backofen auf 225 °C (Umluft 200 °C, Gas Stufe 4) vorheizen. Eine Springform von 24 cm Durchmesser kalt ausspülen. Den Blätterteig ausrollen und Boden und Rand der Springform damit auslegen. Die Fleischfüllung auf dem Tortenboden verteilen.

4 Das Mehl in eine Schüssel geben und gründlich mit den Eiern verrühren. Nach und nach unter Rühren die Milch hinzufügen und alles gut vermischen. Den Käse daruntergeben, herzhaft mit Salz und Pfeffer abschmecken und die Käsesauce gleichmäßig über die Fleischfüllung verteilen. Die Torte auf die mittlere Schiene in den Backofen schieben und in 30 – 40 Minuten goldbraun backen.

Hackfleisch, Tatar und Schinken zu den glasig gebratenen Zwiebeln zufügen und kurz weiter erhitzen.

Die Tomaten unter die Fleischmasse mischen.

Den Käse mit der Sauce vermischen und über der Hackfleischfüllung verteilen.

Für 6 Personen

Zubereitungszeit: 1 Stunde 10 Minuten

Pro Portion: 665 kcal, 11 g Eiweiß, 58 g Fett, 19 g Kohlenhydrate

Blumenkohltorte

300 g tiefgekühlter **Blätterteig**

1 großer Blumenkohl, in Röschen zerteilt

150 g Champignons, in Scheiben geschnitten

150 g durchwachsener geräucherter Speck, gewürfelt

2 EL Butter

2 EL gehackte **Petersilie**

Salz

schwarzer Pfeffer aus der Mühle

Mehl zum Ausrollen

4 Eier

250 g Sahne

1. Den Blätterteig 20 Minuten auftauen lassen. Den Blumenkohl in kleine Röschen zerteilen. Champignons in Scheiben schneiden, Speck würfeln.
2. Die Blumenkohlröschen in 1 EL Butter andünsten, mit 1/2 Tasse Wasser aufgießen und fast weich dünsten. Die Champignons und den Schinken in der restlichen Butter andünsten. Blumenkohl und Pilze mit Petersilie, Salz und Pfeffer würzen und abkühlen lassen.
3. Backofen auf 225 °C (Umluft 200 °C, Gas Stufe 4) vorheizen. Eine Springform von 26 cm Durchmesser kalt ausspülen.
4. Den Teig auf einer bemehlten Fläche ausrollen, die Form damit auslegen und 15 Minuten backen.
5. Form aus dem Ofen nehmen und den Boden mit dem Gemüse belegen. Die Eier mit der Sahne gründlich vermischen, leicht würzen und über das Gemüse gießen.
6. Die Torte auf der mittleren Schiene des Backofens in 30–40 Minuten goldgelb backen.

Getränkeempfehlung: trockener Weißwein, z. B. Silvaner oder Riesling

Für 6 Personen

Zubereitungszeit: 50 Minuten

Pro Portion (2 Stück): 510 kcal, 15 g Eiweiß, 41 g Fett, 16 g Kohlenhydrate

Käse-Schinken-Hörnchen

1 Paket tiefgekühlter **Blätterteig (300 g)**

100 g gekochter Schinken

150 g Allgäuer Emmentaler

250 g Sahne

1 Ei

Salz

frisch geriebene **Muskatnuss**

1 EL gehackte **Petersilie**

1 TL Zitronensaft

Mehl zum Ausrollen

1 Eigelb zum Bestreichen

1 Den Blätterteig in 20 Minuten auftauen lassen. Den Schinken fein würfeln, den Käse reiben und beides mit Sahne, Ei, Gewürzen, Petersilie und Zitronensaft vermischen.

2 Den Backofen auf 225 °C (Umluft 200 °C, Gas Stufe 4) vorheizen. Das Backblech kalt abspülen.

3 Den Blätterteig auf einem bemehlten Backbrett ausrollen und 12 Dreiecke von ca. 10 cm Kantenlänge schneiden. Auf jedes Teigstück 1 EL Füllung setzen.

4 Jedes Teigstück von der breiten Seite her aufrollen und zu einem Hörnchen biegen. Auf das Blech legen und mit dem verquirlten Eigelb bestreichen.

5 Die Hörnchen in 20 Minuten goldgelb backen und noch warm servieren.

Getränkeempfehlung: Bier oder eine feierliche Sektbowle: den Saft von 5 Orangen und 3 Limonen mit dünnen Orangenscheiben und der Schale eine Limone mit 50 ml Arrak und eventuell etwas Zucker 10 Minuten abgedeckt im Kühlschrank ziehen lassen, vor dem Servieren mit 3 Flaschen Sekt auffüllen

Für 6 – 8 Personen

Zubereitungszeit: 10 Minuten

Pro Portion bei 6 Personen: 310 kcal, 9 g Eiweiß, 21 g Fett, 20 g Kohlenhydrate

Gegrillte Käsepfläumchen

30 entkernte, große Backpflaumen

150 g Schweizer Käse, gewürfelt

100 g dünne Scheiben geräucherter Speck

1 Den Backofen oder Grill auf 250 °C vorheizen.

2 Die Backpflaumen kurz in lauwarmem Wasser einweichen und seitlich etwas aufschneiden. Den Käse in kleine Würfel schneiden und in die Backpflaumen füllen. Den Speck in Streifen schneiden und jede Pflaume in einen Streifen einwickeln.

3 Die Pflaumen unter dem Grill des Backofens auf der oberen Schiene kurz überbacken, bis der Speck schön kross ist.

Beilage: Vollkornbrot

Getränkeempfehlung: ein Cocktail auf der Basis von Gin: Eiswürfel in ein großes Weinglas geben, 25 ml Dry Gin darübergeben, mit eiskaltem Sekt auffüllen

Die seitlich aufgeschlitzten Pflaumen mit Käse füllen.

Die Pflaumen mit Speckstreifen umwickeln und grillen.

Für 6–8 Personen

Zubereitungszeit: 1 Stunde, Kühlzeit: 1 Stunde

Pro Portion bei 6 Personen: 560 kcal, 21 g Eiweiß, 41 g Fett, 21 g Kohlenhydrate

Windbeutelkranz mit Lachscreme

Teig

1/8 l (125 ml) Milch

1/8 l (125 ml) Wasser

1/2 TL Salz

75 g Butter

150 g Mehl

5 Eier

Creme

300 g Räucherlachs

100 g Crème fraîche

Salz

schwarzer Pfeffer aus der Mühle

1 EL frisch gehackter **Dill**

4 Blatt Gelatine

6 EL Fleischbrühe (aus Extrakt)

250 g Sahne

1. Das Backblech mit Backpapier auslegen und in die Mitte mithilfe eines umgedrehten Esstellers einen Kreis zeichnen.
2. Für den Teig Milch und Wasser mit Salz und Butter in einem Topf aufkochen. Das gesamte Mehl auf einmal in die kochende Flüssigkeit schütten. Bei schwacher Hitze rühren, bis sich der Teigkloß vom Topfboden löst. Vom Herd nehmen und unter Rühren ein Ei nach dem anderen hinzufügen. Der Teig muss ganz glatt sein.
3. Den Backofen auf 200 °C (Umluft 170 °C, Gas Stufe 3) vorheizen. Den Brandteig in einen Spritzbeutel mit breiter Tülle füllen. Den gekennzeichneten Kreis auf dem Backpapier mit 2 nebeneinanderliegenden Teigkränzen nachspritzen und auf die beiden Ringe dicht nebeneinander dicke Teigtupfer setzen.
4. Das Blech auf die mittlere Schiene des Backofens schieben und den Kranz in etwa 40 Minuten goldgelb backen. Zum Abkühlen auf ein Tortengitter geben.
5. Für die Creme den Lachs mit der Crème fraîche im Mixer oder in der Küchenmaschine pürieren. Herzhaft mit Salz und Pfeffer abschmecken und den Dill untermischen.
6. Die Gelatine kalt einweichen und in der heißen Fleischbrühe auflösen. Unter die Lachscreme rühren. Die Sahne sehr steif schlagen und zuletzt unter die Lachscreme ziehen.
7. Den abgekühlten Windbeutelkranz einmal quer durchschneiden.
8. Die Lachscreme in einen Spritzbeutel füllen und die untere Hälfte des Kranzes damit füllen. Die obere Hälfte darübersetzen. Den Kranz 1 Stunde in den Kühlschrank stellen.
9. Vor dem Auftragen mit einem scharfen Messer in 6 – 8 Portionsstücke zerteilen und den Kranz wieder zusammenfügen.

Die Teigkränze auf den vorgezeichneten Kreis spritzen.

Für 12 Personen

Zubereitungszeit: 2 Stunden, Kühlzeit: 12 – 24 Stunden

Pro Portion: 305 kcal, 17 g Eiweiß, 20 g Fett, 1 g Kohlenhydrate

Schinkenpastete in Aspik

500 g saftiger gekochter Schinken, in fingerdicke Scheiben geschnitten

250 g Kalbsschulter

200 g Geflügelleber

200 g fetter roher Speck

3 Schalotten

einige Stängel Petersilie

1 Ei

0,2 l (200 ml) Portwein

2 cl Cognac

Salz

schwarzer Pfeffer aus der Mühle

1 zerkrümeltes **Lorbeerblatt**

je 1 Msp. Nelken, Ingwer, Thymian, gemahlen

1/8 l (125 ml) Weißwein

1/2 Lorbeerblatt

1 Nelke

4 Blatt Gelatine

Butter für die Form

1 300 g gekochten Schinken in Würfel schneiden. Den restlichen Schinken mit dem Kalbfleisch, der Geflügelleber, dem Speck, den geschälten Schalotten und der Petersilie in einer Küchenmaschine zerkleinern und zu einer Farce vermischen. Das Ei leicht verschlagen und mit der Hälfte des Portweins und des Cognacs zu der Fleischmasse geben. Alles gründlich miteinander vermischen und herzhaft mit Salz, Pfeffer und den Gewürzen abschmecken. Die Schinkenwürfel hinzufügen.

2 Eine Pastetenform von 1 1/2 l Fassungsvermögen mit Butter ausstreichen. Den Backofen auf 200 °C (Umluft 170 °C, Gas Stufe 3) vorheizen.

3 Die Farce gleichmäßig in die Form füllen, glatt streichen und festdrücken. Die Form mit einem Stück Alufolie abdecken und mit einem Deckel verschließen. Die Pastete soll hermetisch verschlossen sein.

4 Die Form in einen länglichen Schmortopf stellen und heißes Wasser bis 2 Fingerbreit unter den Rand der Form füllen. Auf den Rost auf die mittlere Schiene des Backofens schieben. In 1 1/2 Stunden garen lassen.

5 Die Pastete etwas abkühlen lassen und den Saft, der sich gebildet hat, vorsichtig abgießen. Die Pastete mit einem Holzbrett bedecken und mit einem Gewicht beschwert erkalten lassen.

6 Den abgegossenen Fleischsaft entfetten. Restlichen Portwein, Cognac und den Weißwein, Lorbeerblatt und Nelke hinzufügen und 5 Minuten kochen lassen. Mit der kalt eingeweichten Gelatine binden und durch ein Sieb über die Schinkenpastete gießen.

7 Die Pastete vor dem Aufschneiden zugedeckt 12 – 24 Stunden in den Kühlschrank stellen.

Beilage: Senffrüchte und knuspriges Baguette

Für 10 Personen

Zubereitungszeit: 20 Minuten, Ruhezeit: 1 Stunde 15 Minuten

Pro Stück: 200 kcal, 5 g Eiweiß, 6 g Fett, 30 g Kohlenhydrate

Zwiebelplätzchen nach jüdischer Art

400 g Mehl
2 TL Salz
25 g frische Hefe
$^1/_2$ l Wasser
3 EL Öl
Mehl zum Ausrollen
Butter für das Backblech
2 Eigelb
2 große Zwiebeln, fein gehackt
Mohn zum Bestreuen

1 Das Mehl in einer Schüssel mit dem Salz vermischen. In die Mitte eine Vertiefung drücken. Die Hefe hineinbröckeln und mit der Hälfte des Wassers und etwas Mehl zu einem Vorteig verrühren. Zugedeckt an einem warmen Ort 20 Minuten aufgehen lassen.

2 Mit dem restlichen Mehl, dem lauwarmen Öl und dem restlichen Wasser zu einem glatten Teig verrühren und so lange schlagen, bis er sich vom Schüsselboden löst. Zugedeckt 40 Minuten an einem warmen Ort aufgehen lassen.

3 Den aufgegangenen Teig auf einem bemehlten Brett 1 cm dick ausrollen und Plätzchen von 5 cm Durchmesser ausstechen. Auf das gefettete Backblech legen und mit den verquirlten Eigelben bestreichen.

4 Den Backofen auf 200 °C (Umluft 170 °C, Gas Stufe 3) vorheizen. Die geschälten Zwiebeln fein hacken, gleichmäßig auf den Plätzchen verteilen und etwas in den Teig drücken. Mit Mohn bestreuen. Zugedeckt noch einmal 15 Minuten gehen lassen.

5 Die Plätzchen auf die mittlere Schiene in den Backofen schieben und in etwa 20 Minuten goldbraun backen. Warm oder kalt servieren.

Beilage: ein buntgemischter Salat

Getränkeempfehlung: Limonensaft mit frischer Minze und Mineralwasser oder fein gehackte Minze mit Joghurt, einer Prise Salz, Pfeffer, Zucker, dem Saft und der Schale einer Limette verrühren, mit eiskaltem Mineralwasser auffüllen

Für 4 Personen

Zubereitungszeit: 30 Minuten

Pro Portion: 175 kcal, 4 g Eiweiß, 10 g Fett, 15 g Kohlenhydrate

Gratinierte Kräutertomaten

4 große Fleischtomaten (ca. 750 g)

4 Knoblauchzehen

2 Bund Petersilie, fein gehackt

4 EL Semmelbrösel

1 Eigelb

3 EL Olivenöl, extra vergine

Salz

schwarzer Pfeffer aus der Mühle

je 1 TL Thymian und Oregano, frisch oder getrocknet

1 Die Tomaten waschen und in der Mitte quer durchschneiden. Den Backofen auf 220 °C (Umluft 190 °C, Gas Stufe 4) vorheizen.

2 Die geschälten Knoblauchzehen durch die Presse in eine Schüssel drücken. Semmelbrösel und Petersilie zufügen. Das Eigelb und das Olivenöl unterrühren, sodass eine homogene Masse entsteht. Falls nötig, noch etwas Öl zufügen. Mit Salz und Pfeffer, Thymian und Oregano kräftig abschmecken und gleichmäßig auf den Tomatenhälften verteilen.

3 Die Tomaten in eine Auflaufform setzen und im Backofen 15–20 Minuten überbacken.

Beilage: Baguette

Getränkeempfehlung: leichter Rotwein, am besten Landwein aus Italien oder Frankreich

Für 4 Personen

Zubereitungszeit: 40 – 45 Minuten, Marinierzeit: 3 Stunden

Pro Portion: 650 kcal, 45 g Eiweiß, 28 g Fett, 13 g Kohlenhydrate

Hähnchenkeulen mit Knusperkruste

4 Hähnchenkeulen (à 200 g)

1 EL getrockneter **Oregano**

Salz

Pfeffer aus der Mühle

0,2 l (200 ml) Dickmilch

1 Bund glatte Petersilie, fein gehackt

50 g Sesamsamen

50 g Paniermehl

6 EL Öl

Fett für die Form

1 Die Hähnchenkeulen waschen, abtrocknen. Mit Oregano, Salz und Pfeffer einreiben und in eine Schüssel legen. Mit Dickmilch übergießen, 3 Stunden marinieren.

2 Den Backofen auf 220°C (Umluft 190°C, Gas Stufe 4) vorheizen. Petersilie fein hacken, Sesam in einer Pfanne ohne Fett kurz anrösten. Paniermehl und Petersilie untermischen.

3 Keulen in der Panade wälzen, in eine eingefettete, flache Gratinform legen und mit dem Öl beträufeln. 25 – 30 Minuten im Ofen backen.

Beilage: Pommes frites aus dem Backofen und ein gemischter Salat

Süßes
aus dem Ofen

Für 4 Personen

Zubereitungszeit: 40 Minuten

Pro Portion: 210 kcal, 11 g Eiweiß, 10 g Fett, 21 g Kohlenhydrate

Salzburger Nockerln

6 Eiweiß

40 g feiner Kristallzucker

4 Eigelb

1 EL echter Vanillezucker

2 EL Weizenmehl

1/8 l (125 ml) Milch

1 EL Butter

1 Stück Vanilleschote

Puderzucker zum Bestreuen

1. Die Eiweiße zu steifem Schnee schlagen. Die Hälfte des Zuckers hinzufügen und erneut sehr steif schlagen.
2. Die Eigelbe mit dem restlichen Zucker und dem Vanillezucker schaumig schlagen. Das gesiebte Mehl darunterrühren.
3. Ein Drittel des Eischnees mit der Eigelbmasse verrühren und den Rest vorsichtig darunterziehen.
4. Den Backofen auf 200 °C (Umluft 170 °C, Gas Stufe 3) vorheizen.
5. Die Milch mit der Butter und dem aufgeschlitzten Vanillestückchen in einer feuerfesten Auflaufform zum Kochen bringen.
6. Die Teigmasse mit Hilfe einer flachen Schöpfkelle in 4 Portionen auf die kochende Milch setzen. Dabei leichte Zwischenräume lassen.
7. Die Nockerln auf der mittleren Schiene im Backofen in 10 – 12 Minuten goldbraun backen. Mit dem Puderzucker bestreuen.

tipp

Salzburger Nockerln sind sehr empfindlich und fallen leicht zusammen, darum müssen sie sofort aufgetragen werden.

Für 6 Personen

Zubereitungszeit: 1 Stunde 30 Minuten

Pro Portion: 615 kcal, 9 g Eiweiß, 24 g Fett, 90 g Kohlenhydrate

Apfelcharlotte

500 g Butter

1 kg aromatische säuerliche **Äpfel**

1 Stück Vanilleschote

1 Stück Schale von 1 unbehandelten Zitrone

3 EL Zucker

2 EL Weißwein

12 Scheiben frisches Toastbrot

4 EL Aprikosenkonfitüre

1 Eine Charlottenform oder eine hochwandige Auflaufform dick mit einem Teil der Butter einfetten. Die Äpfel schälen, vierteln und in Stückchen schneiden.

2 Einen weiteren Teil der Butter in einem Schmortopf zerlassen, aber nicht bräunen, die Apfelstücke hineingeben sowie Vanille, Zitronenschale und Zucker. Den Wein angießen und die Äpfel zugedeckt bei leichter Hitze dünsten lassen, bis sie zu zerfallen beginnen und ein sehr dickes Apfelmus entsteht – dabei hin und wieder umrühren, damit nichts ansetzt.

3 Den Backofen auf 240 °C (Umluft 210 °C, Gas Stufe 5) vorheizen. Die restliche Butter zerlassen. Die Weißbrotscheiben entrinden. 4 Brotscheiben in Dreiecke schneiden, den oberen Rand etwas abrunden. Das restliche Brot in 2 Fingerbreite Streifen schneiden.

4 Die Brotstreifen mit einer Seite in die zerlassene Butter tauchen. Mit der Hälfte der dreieckigen Brotstücke den Boden der Form ganz eng auslegen, dabei die Butterseite nach unten nehmen, damit diese auf dem Boden der Form liegt. Dann den Rand der Form fächerartig mit den Brotstreifen auskleiden, auch hier wieder die Butterseite des Brotes auf den eingefetteten Rand der Form legen.

5 Vanilleschote und Zitronenschale aus dem Apfelmus fischen und dieses kräftig durchrühren, damit das dicke Mus ganz glatt wird. In die Form füllen und mit den restlichen Brotdreiecken abdecken – diesmal die Butterseite nach oben. In den Backofen schieben und auf der mittleren Schiene in etwa 45 Minuten goldbraun backen. In der Form etwas abkühlen lassen.

6 Erst unmittelbar vor dem Auftragen stürzen. Nach dem Stürzen mit der glatt gerührten Aprikosenkonfitüre überziehen.

Den Boden der Form eng mit den Weißbrotecken belegen.

Brotscheiben mit der Butterseite nach oben auf das Mus legen.

Für 4 Personen

Zubereitungszeit: 25 Minuten

Pro Portion: 255 kcal, 21 g Eiweiß, 5 g Fett, 30 g Kohlenhydrate

Quark-Gratin mit Kiwi

500 g Sahnequark
1 EL Stärkemehl
2 Eigelb
3 EL Zitronensaft
5 EL Zucker
4 reife Kiwis
2 Eiweiß
Fett für die Förmchen
1 EL Puderzucker
1 EL Kakaopulver

1. Den Sahnequark in eine Schüssel geben. Stärkemehl, Eigelb, Zitronensaft und Zucker dazugeben und alles gründlich verrühren.
2. Den Backofen auf 250°C (Umluft 220°C, Gas Stufe 5) vorheizen.
3. Die Kiwis schälen und in nicht zu dünne Scheiben schneiden. Die Eiweiße zu steifem Schnee schlagen und gleichmäßig unter die Quarkmasse heben.
4. Vier kleine Gratinförmchen einfetten. Die Quarkmasse hineingeben und glatt streichen. Die Kiwischeiben fächerartig in die Mitte legen.
5. Die Förmchen in die Mitte des Backofens stellen und 15 Minuten garen, bis die Oberfläche goldbraun geworden ist.
6. Die Förmchen herausnehmen. Puderzucker und Kakaopulver mischen und in ein Sieb geben. Das Gratin gleichmäßig damit bestäuben und sofort servieren.

Quark, Speisestärke, Eigelb, Zitronensaft und Zucker zu einer glatten Masse verarbeiten.

Kiwis schälen und in Scheiben schneiden.

Die Quarkmasse auf feuerfeste Förmchen verteilen und mit Kiwischeiben belegen.

Für 4 Personen

Zubereitungszeit: 1 Stunde

Pro Portion: 220 kcal, 7 g Eiweiß, 9 g Fett, 18 g Kohlenhydrate

Mascarponesoufflé mit warmen Birnen

Soufflé

20 g Magerquark

60 g Mascarpone

2 Eigelb

1 EL flüssiger Honig

Schale und Saft von 1 unbehandelten Zitrone

3 Eiweiß

20 g Fruchtzucker

Fett für die Förmchen

Birnenkompott

1/8 l (125 ml) Weißwein

2 cl Birnengeist

ausgeschabtes **Mark von 1 Vanilleschote**

2 aromatische **Birnen**

1 Den Backofen auf 200 °C (Umluft 170 °C, Gas Stufe 3) vorheizen und einen großen, flachen Topf, 2 Finger breit mit Wasser gefüllt, auf die mittlere Schiene stellen.

2 Den Quark durch ein Haarsieb streichen und mit Mascarpone verrühren. Eigelbe, Honig, Zitronenschale sowie den -saft hinzufügen und alles zu einer glatten Creme verarbeiten. Die Eiweiße zu steifem Schnee schlagen, dabei den Fruchtzucker einrieseln lassen. Den Eischnee gleichmäßig unter die Mascarponecreme ziehen.

3 Vier Timbaleförmchen einfetten und zu zwei Dritteln mit der Soufflémasse füllen. In 15 – 20 Minuten im Wasserbad im Backofen gar ziehen lassen.

4 Für das Kompott Weißwein, Birnengeist und Vanillemark aufkochen lassen. Die Birnen schälen, entkernen, in Achtel schneiden und im Sud kurz erwärmen.

5 Die Birnen fächerartig auf Tellern verteilen, mit etwas Kompottsaft beträufeln und die Soufflés in die Mitte stürzen.

Für 4 Personen

Zubereitungszeit: 1 Stunde 10 Minuten

Pro Portion: 440 kcal, 14 g Eiweiß, 13 g Fett, 66 g Kohlenhydrate

Zwetschgenauflauf

150 g Weizenmehl
4 Eigelb
1 Prise Salz
ca. 0,35 l (350 ml) Milch
1 cl Armagnac
4 Eiweiß
75 g Zucker
500 g Zwetschgen
Butter für die Form
10 g Butterflocken

1 Das Mehl in eine große Schüssel sieben, eine Vertiefung hineindrücken und das Eigelb und das Salz hineingeben.

2 Alles miteinander verrühren und so viel Milch hinzufügen, bis ein dickflüssiger Teig entsteht. Zum Schluss den Armagnac dazugeben.

3 Die Eiweiße mit dem Zucker sehr steif schlagen und unmittelbar vor dem Backen unter den Teig ziehen.

4 Den Backofen auf 180°C (Umluft 150°C, Gas Stufe 2) vorheizen. Die Zwetschgen entsteinen, halbieren, locker unter den Teig mischen und die Masse in eine gut ausgebutterte Springform füllen.

5 Die Butterflocken auf die Oberfläche verteilen und den Auflauf im vorgeheizten Ofen 40–45 Minuten backen. Am besten noch lauwarm mit Vanillesauce servieren.

tipp

Anstelle von Armagnac kann man auch Zwetschgenwasser verwenden. Der Auflauf lässt sich ebenso gut mit Aprikosen zubereiten.

Für 4 Personen

Zubereitungszeit: 45 Minuten

Pro Portion: 530 kcal, 10 g Eiweiß, 18 g Fett, 83 g Kohlenhydrate

Apfelmusgratin

- **1 kg Äpfel,** klein geschnitten
- **200 g Zucker**
- **1/2 TL Zimt**
- **1 Msp. Kardamompulver**
- **1 TL** getrocknete **Zitronenschale**
- **1 EL Calvados**
- **4 Eier**
- **4 EL** geriebene **Mandeln**
- **4 EL Zucker**
- **Butter** für die Auflaufform

1. Die Äpfel schälen, klein schneiden und zusammen mit dem Zucker, dem Zimt, dem Kardamompulver und der Zitronenschale weich kochen und durch ein Sieb streichen. Den Calvados hinzufügen.
2. Eine feuerfeste Form mit Butter bestreichen und das Apfelmus hineingeben.
3. Die Eier in Eiweiß und Eigelb trennen. Die Eigelbe mit dem Zucker zu einer Creme schlagen und die Mandeln darunterarbeiten.
4. Die Eiweiße steif schlagen und unter die Masse ziehen. Das Ganze über das Apfelmus verteilen. Im Ofen bei 200°C bei Oberhitze 20 Minuten hellgelb überbacken.

tipp

Ganz schnell lässt sich dieses Dessert zubereiten, wenn Apfelmus aus dem Glas verwendet wird. Anstelle des Mandelgusses einfach geriebenes Brot, Zucker und Butterflocken auf das Apfelmus geben und wie beschrieben überbacken.

Für 4 Personen

Zubereitungszeit: 45 Minuten

Pro Portion: 240 kcal, 3 g Eiweiß, 1 g Fett, 53 g Kohlenhydrate

Erdbeersoufflé

250 g reife Erdbeeren

60 g Zucker

1 EL Zitronensaft

3 Eiweiß

125 g gesiebter **Puderzucker**

1 EL Puderzucker zum Bestreuen

Butter für die Form

1. Den Backofen auf 200°C (Umluft 170°C, Gas Stufe 3) vorheizen. Eine Auflaufform oder 4 kleine Förmchen mit Butter ausstreichen.
2. Die trockenen Erdbeeren mit einem Stabmixer pürieren, durch ein Sieb streichen und mit Zucker und Zitronensaft schaumig rühren.
3. Die Eiweiße zu steifem Schnee schlagen, den Puderzucker hinzufügen und die Schaummasse vorsichtig unter das Fruchtmark ziehen. In die Auflaufform oder die kleinen Förmchen füllen und mit Puderzucker bestreuen. Auf der unteren Schiene im Backofen in etwa 25 Minuten überbacken. Sofort servieren.

Beilage: Sehr gut schmeckt Vanilleeis zu dem zarten Soufflé

Für 4 Personen

Zubereitungszeit: 1 Stunde 10 Minuten

Pro Portion: 355 kcal, 10 g Eiweiß, 9 g Fett, 58 g Kohlenhydrate

Französischer Kirschauflauf

750 g schwarze Süßkirschen

Butter für die Form

40 g Zucker

Puderzucker zum Bestreuen

3 Eier

60 g Zucker

30 g Weizenmehl

0,3 l (300 ml) Vollmilch

abgeriebene Schale von 1/2 unbehandelten Zitrone

1 Die Süßkirschen waschen, abtrocknen, entstielen und entsteinen.

2 Eine Auflaufform mit Butter ausstreichen. Die Kirschen gleichmäßig in der Form verteilen und mit 40 g Zucker bestreuen.

3 Den Backofen auf 220°C vorheizen. Für den Teig Eier, Zucker, Mehl und abgeriebene Zitronenschale mit dem Schneebesen oder Handrührgerät gründlich vermischen. Über die Kirschen gießen.

4 Den Kirschauflauf auf der mittleren Schiene des Backofens bei mittlerer Hitze in etwa 45–50 Minuten goldgelb backen. Mit Puderzucker bestreuen und sofort servieren.

tipp

Dieser Auflauf, auch Clafoutis genannt, schmeckt sowohl heiß als auch kalt. Anstelle der Kirschen kann man auch abgezogene, in Würfel geschnittene Pfirsiche verwenden.

Für 4 Personen

Zubereitungszeit: 1 Stunde

Pro Portion: 580 kcal, 16 g Eiweiß, 30 g Fett, 62 g Kohlenhydrate

Grießauflauf

- **1/2 l (500 ml) Milch**
- **1 Prise Salz**
- **abgeriebene Schale von 1/2 unbehandelten Zitrone und Orange**
- **60 g Butter**
- **125 g Grieß**
- **3 Eier,** getrennt
- **100 g Zucker**
- **je 50 g Rosinen und Korinthen**
- **50 g** fein gehackte **Mandeln**
- **Fett** für die Form

1. Die Milch mit Salz, Zitronen- und Orangenschale sowie der Butter in einem Topf zum Kochen bringen. Den Grieß unter ständigem Rühren in einem dünnen Strahl einrieseln lassen und bei leichter Hitze unter Rühren 3–5 Minuten kochen. Den Brei abkühlen lassen.
2. Den Backofen auf 200°C (Umluft 170°C, Gas Stufe 3) vorheizen. Eine Auflaufform einfetten.
3. Eigelbe und Zucker schaumig rühren und den abgekühlten Grießbrei löffelweise daruntergeben. Die Eiweiße steif schlagen und zuletzt mit den Trockenfrüchten und Mandeln unter die Grießmasse ziehen. In eine Auflaufform füllen und auf der mittleren Schiene im Backofen in 30–40 Minuten gar backen. Den Auflauf nach Belieben mit Puderzucker bestreuen.

Beilage: Kompott oder eine Fruchtsauce

tipp

Man kann die Grießbreimasse auch in eine Puddingform füllen, dann im Wasserbad garen und gestürzt servieren.

Für 4 Personen

Zubereitungszeit: 1 Stunde

Pro Portion: 520 kcal, 23 g Eiweiß, 20 g Fett, 63 g Kohlenhydrate

Kirschauflauf mit Quark

500 g entsteinte Sauerkirschen

4 EL Zucker

350 g Quark

1/8 l (125 ml) Milch oder **Sahne**

125 g Zucker

abgeriebene Schale von 1/2 unbehandelten Zitrone

3 Eier, getrennt

50 g Grieß

50 g gehackte **Mandeln**

etwas Butter und Semmelbrösel für die Form

30 g Butter in Flöckchen

Puderzucker zum Bestreuen

1. Kirschen mit dem Zucker vermischen und durchziehen lassen.
2. Den gut abgetropften Quark durch ein Sieb streichen und mit Milch, Zucker, Zitronenschale und Eigelben schaumig schlagen.
3. Den Backofen auf 200 °C (Umluft 170 °C, Gas Stufe 3) vorheizen. Eine Auflaufform fetten und mit Semmelbröseln bestreuen.
4. Grieß und Mandeln unter den Quark geben, dann das steif geschlagene Eiweiß unterziehen.
5. Die Hälfte der Quarkmasse in die Auflaufform füllen, die Kirschen darüberlegen und mit dem restlichen Teig auffüllen. Mit Butterflöckchen besetzen und auf der mittleren Schiene im Backofen in ca. 50 Minuten backen.

tipp

Wenn es keine frischen Sauerkirschen gibt, kann man auch gut abgetropfte, entkernte Sauerkirschen aus dem Glas für das Rezept verwenden.

Für 4 Personen

Zubereitungszeit: 1 Stunde 30 Minuten

Pro Portion: 700 kcal, 18 g Eiweiß, 32 g Fett, 85 g Kohlenhydrate

Reisauflauf

3/4 l (750 ml) Milch

1 Prise Salz

abgeriebene Schale von 1/2 unbehandelten Zitrone

200 g Rundkornreis (Milchreis)

60 g Butter

100 g Zucker

3 Eier, getrennt

60 g Rosinen

50 g geriebene **Mandeln**

Butter für die Form

1 Die Milch mit Salz und Zitronenschale zum Kochen bringen, danach den Reis hinzufügen. Bei leichter Hitze in einer guten halben Stunde quellen lassen, anschließend abkühlen.

2 Den Backofen auf 200 °C (Umluft 170 °C, Gas Stufe 3) vorheizen. Eine Auflaufform gut ausfetten.

3 Die Butter mit dem Zucker cremig rühren, die Eigelbe hinzugeben und die Masse dickschaumig schlagen. Den Reisbrei löffelweise unter den Schaum mischen. Die gewaschenen Rosinen und die Mandeln hinzufügen. Die Eiweiße steif schlagen und zuletzt unterziehen.

4 Die Masse in die Auflaufform füllen und auf der mittleren Schiene im Backofen in etwa 45 Minuten goldgelb backen.

Beilage: Kompott, Fruchtsauce oder Weinschaumsauce

Für 4 Personen

Zubereitungszeit: 1 Stunde

Pro Portion: 165 kcal, 1 g Eiweiß, 4 g Fett, 31 g Kohlenhydrate

Bratäpfel

4 große, aromatische **Äpfel** (z. B. Boskop oder Cox Orange)

20 g kandierter Ingwer, fein gewürfelt

30 g Orangeat, fein gewürfelt

2 EL geröstete, gehackte **Haselnüsse**

1 Msp. Zimt

2 EL flüssiger Honig

Butter für die Form

Butterflöckchen

1 Den Backofen auf 200 °C (Umluft 170 °C, Gas Stufe 3) vorheizen. Eine feuerfeste Form gut mit Butter einfetten.

2 Die Äpfel waschen, abtrocknen, die Kerngehäuse mit einem Apfelausstecher entfernen. Ingwer und Orangeat in sehr kleine Würfel schneiden und mit den gehackten Nüssen und dem Zimt vermengen. Zum Schluss den leicht flüssigen Honig unter die Trockenfrüchte mischen.

3 Die Äpfel in die Form setzen und die Füllung in die Apfelöffnungen verteilen. Die restliche Füllung um die Äpfel legen. Auf jeden Apfel ein Butterflöckchen setzen.

4 Die Form auf die mittlere Schiene in den Backofen schieben und die Äpfel etwa 30–40 Minuten braten.

Beilage: Vanillesauce oder Zimtreis

Mit einem Apfelausstecher das Kerngehäuse entfernen.

Den Honig unter die kandierten Früchte mischen.

Die Füllmasse in die Äpfel geben und Butterflöckchen obenaufsetzen.

Für 4 Personen

Zubereitungszeit: 30 Minuten

Pro Portion: 205 kcal, 3 g Eiweiß, 3 g Fett, 31 g Kohlenhydrate

Äpfel mit Haselnussbaiser

4 mittelgroße Äpfel (z. B. Boskop)

4 EL Calvados

4 EL Rosinen

1 Prise gemahlener **Zimt**

2 Eiweiß

1 Prise Salz

2 EL Puderzucker

2 EL frisch gemahlene **Haselnüsse**

Fett für die Form

1 Die Äpfel waschen und trocken reiben. Das obere Drittel abschneiden und das Fruchtfleisch herauslösen. Die Äpfel mit einem Kugelausstecher vorsichtig aushöhlen, dabei einen Zentimeter des Fruchtfleisches im Apfel stehen lassen. Die Kernhäuser wegwerfen.

2 Das ausgelöste Fruchtfleisch klein schneiden und mit dem Calvados, den Rosinen und dem Zimt mischen.

3 Den Backofen auf 200 °C (Umluft 170 °C, Gas Stufe 3) vorheizen. Die Eiweiße mit dem Salz zu sehr steifem Schnee schlagen, den Puderzucker dazurieseln lassen. Zum Schluss die gemahlenen Haselnüsse unter den Eischnee mischen.

4 Die Apfel-Rosinen-Mischung in die ausgehöhlten Äpfel füllen. Das Haselnussbaiser gleichmäßig darüber verteilen. Äpfel in eine gefettete Auflaufform setzen und im Backofen auf der mittleren Schiene in 10 Minuten überbacken, bis sie eine goldbraune Farbe annehmen.

Den größeren Teil des Apfels mit einem Kugelstecher aushöhlen.

Das Fruchtfleisch klein schneiden und mit Calvados, Rosinen und einer Prise Zimt mischen.

Fein gemahlene Haselnüsse unter den Eischnee heben.

Die Fruchtmasse in die ausgehöhlten Äpfel füllen, darüber die Baisermischung verteilen.

Für 6 Personen

Zubereitungszeit: 1 Stunde 30 Minuten, Kühlzeit: 6 – 8 Stunden

Pro Portion: 205 kcal, 7 g Eiweiß, 7 g Fett, 28 g Kohlenhydrate

Karamellcreme

15 Stück Würfelzucker

1/2 l (500 ml) Milch

1/2 Vanilleschote

100 g Zucker

4 Eier

1. Den Zucker für den Karamell in einer kleinen Pfanne schmelzen und bräunen lassen (karamellisieren). Sofort in 6 Portionsförmchen gießen und erkalten lassen.
2. Die Milch mit der aufgeschlitzten Vanilleschote zum Kochen bringen. Zucker und Eier mit dem Schneebesen verrühren und unter ständigem Weiterrühren nach und nach die Milch hinzugießen. Die Creme vorsichtig in die Förmchen gießen, damit die Karamellschicht nicht zerstört wird.
3. Die Förmchen in eine flache Auflaufform setzen und heißes Wasser bis zur Höhe der Förmchen hineingießen. Die ganze Form mit Alufolie oder einem passenden Deckel verschließen. Die Creme auf der mittleren Schiene im Backofen bei 200 °C (Umluft 170 °C, Gas Stufe 3) in etwa 40 Minuten fest werden lassen.
4. Nach der Garzeit mit dem Finger prüfen, ob die Creme vollständig erstarrt ist. Die Formen noch 15 Minuten im ausgeschalteten Backofen stehen lassen, dann herausnehmen, abkühlen lassen und in den Kühlschrank stellen.
5. Unmittelbar vor dem Auftragen die Creme am Rand mit einem spitzen Messer von den Förmchen lösen und stürzen.

tipp

Man kann die Creme auch mit Orangenschale würzen, dann lässt man die Vanilleschote weg.

Alphabetisches Rezeptverzeichnis

Die besten Rezepte – mehrfach erprobt

Je Buch: 264 Seiten
durchgehend
farbige Rezeptfotos
laminierter Pappband

ISBN 978-3-8094-2565-6

Bassermann

Willkommen zu Hause

ISBN 978-3-8094-2567-0

ISBN 978-3-8094-2568-7

Impressum

© 2010 by Bassermann Verlag, einem Unternehmen der Verlagsgruppe Random House GmbH, 81673 München

Die Verwertung der Texte und Bilder, auch auszugsweise, ist ohne Zustimmung des Verlags urheberrechtswidrig und strafbar. Dies gilt auch für Vervielfältigungen, Übersetzungen, Mikroverfilmung und für die Verarbeitung mit elektronischen Systemen.

Umschlaggestaltung: Atelier Versen, Bad Aibling
Layout: Studio Schübel Werbeagentur GmbH, München
Bildredaktion: Elisabeth Franz, Sabine Kestler
Rezeptfotos: Karl Newedel, München
außer: Mosaik Verlag 43, 45, 68, 69, 141, 155, 167, 169, 171, 173, 175, 177, 223, 232, 233, 252 (Brauner); 28, 29, 31, 35, 39, 65, 66, 83, 96, 97, 98, 99, 101, 110, 111, 115, 122, 123, 133, 134, 135, 149, 161, 198, 201, 205, 208, 209, 211, 213, 214, 215, 216, 217, 219, 247, 250 (Eising); 26, 86, 87, 112, 116, 121, 189, 203, 206, 207 (Feuz); 18, 54, 56, 57, 70, 94 (Goldmann); 73, 103, 106, 109, 139, 151, 158, 159, 221, 226, 229, 230, 231, 241, 243, 255 (Kerth); 153, 156 (Pudenz); 48, 63, 79, 85 (Stüssel/Schmitz); 25, 80, 165, 191 (Teubner)
Redaktion: Anja Halveland
Herstellung: Elke Cramer

Die Ratschläge in diesem Buch sind von den Autoren und vom Verlag sorgfältig erwogen und geprüft, dennoch kann eine Garantie nicht übernommen werden. Eine Haftung der Autoren bzw. des Verlags und seiner Beauftragten für Personen-, Sach- und Vermögensschäden ist ausgeschlossen.

Satz: Filmsatz Schröter, München · Nadine Thiel | kreativsatz
Reproduktion: Artilitho, Lavis (Trento)
Druck: Mohn Media Mohndruck GmbH, Gütersloh

Printed in Germany

FSC
Mix
Produktgruppe aus vorbildlich bewirtschafteten Wäldern und anderen kontrollierten Herkünften
Zert.-Nr. SGS-COC-1425
www.fsc.org
© 1996 Forest Stewardship Council

Verlagsgruppe Random House FSC-DEU-0100
Das für diesen Titel verwendete FSC-zertifizierte Papier *Profimatt* wurde produziert von Sappi Ehingen und geliefert durch die IGEPA

817 2635 4453 6271